大学入試

出口の好きになる

現代文

論理入門編　上

出口 汪
Deguchi Hiroshi

はじめに

◆現代文は「論理」の教科

現代文とはなんと不思議な教科なんだろう。多くの受験生は所詮日本語だから勉強しなくてもなんとかなるとうそぶいたり、逆に、どうせセンス・感覚の教科だから今さら勉強しても効果がないと嘆いたりする。

ところが、**誰もが信じているその正反対のところに、現代文という教科の真実の姿がある。**

出題者は「所詮日本語だから」ではなんともならない文章を一年間探して選んで来るわけだし、問題文の筆者は不特定多数の読者に向けて筋道を立てて文章を書くのだ。

設問は筆者の立てた筋道を正確に理解したかどうかを試すものであり、それを無視して自分勝手に読み、自分勝手に答えているから、合ったり間違ったりのくり返しなのである。

現代文は**論理の教科**である。自分の感覚で読むものではなく、**文章に内在する論理にしたがって読み解く**ものなのだ。

論理の教科である以上、そこには**決まった読み方、解き方が存在している**。そして、誰でも正しい方法で訓練すれば、確実に高得点をとることが可能なのである。しかも、そうして獲得した論理力はすべての教科の土台となる。

それなのに、本来論理の教科である現代文を、まったく正反対のセンス・感覚の教科とするわけだから、どんなに学習しても成績が上がるはずもない。多くの受験生は小学校から大学受験まで十二年間も間違った学習を続けていたのである。

そうした状況の中で、本書は現代文を論理の教科だと断言し、それを前提に一貫した論理的読解・解法を提示した。

本書はまさに革命の書である。

本書の特色

◆全面的なビジュアル化を実現

文章の論理構造を直感的に把握できるように、視覚化・立体化を試みた。

接続語、指示語などに着目し、問題文に赤線や記号を付記することで、論理的な読み方を視覚化した。また、文章全体の論理構造も図式化した。

さらに、より美しい誌面を実現するために、様々なレイアウト上の工夫をした。

◆猫にもわかる丁寧な解説

『**システム中学国語**』シリーズにも登場した猫のミシェルに、私が家庭教師をする形式をとり、**猫にもわかる丁寧な解説**を心がけた。

ただわかりやすいだけでなく、**文章を読むときの頭の使い方、設問を解くときの手順など、答えではなく、それを導くまでのプロセスに徹底的にこだわった。**おそらくミステリーを読み解くような臨場感を得られることだろう。

◆小論文・英語の論説文・地歴公民などに応用

現代文はすべての教科の土台であり、そこで習得した様々な知識や論理力・記述力はあらゆる教科に有効である。特に、小論文対策には威力を発揮するので、『**小論文対策編**』をシリーズの一冊に加えた。しかも、本書のどの一冊をとっても、そのまま小論文対策として効果的であるように、様々な工夫をした。

◆「ストックノート」を導入

評論問題を中心に、各章、その内容をストックノートの左ページに要約した。その上で、右ページに「出口のストック」を発展学習として付記した。このストックノートによって、**記述・論述力、思考力を強化し、小論文のネタを蓄えることができる。**

まさに現代文と小論文とを一体とした学習が可能になるのである。

◆論理語・語彙力の増強

重要な語彙は、完全に理解し、自分で使えるようにすることが大切である。そのために、**評論用語や抽象語などを詳細に解説し、文章の中で語彙力が自然と増強されるように、様々な工夫をした。**

また特に使い方が重要と思われる用語に関してはストックノートページに「語彙力増強一口メモ」を付け加え、言葉に興味を抱けるようにした。本シリーズを学習する中で、必要な語彙は自ずと習得できるはずである。

本書の学習法

現代文の学習は他の教科のそれとは大きく異なっている。

一冊の参考書をたとえ完璧にこなしたとしても、やはり学力は身につかないのである。

なぜか？


たとえば、理科や社会ならば、一冊の参考書を完全にものにしたならば、かなりの高得点が期待できるだろう。

ところが、現代文では、一冊の参考書を完全にものにしたところで、同じ文章、同じ設問が出題される可能性はまったくないのである。

君たちは初めて見る文章を、自分一人の頭で読み解かなければならない。

確かに英語も未知の文章が出題されるのだが、英単語や熟語、構文に文法を習得していれば、ある程度の得点は可能である。だが、現代文では漢字や文法をいくら学習したところで、それで難解な評論や小説問題が解けるわけではないのである。

そこに現代文学習の困難さがある。


論理力とは、言葉の一定の規則にしたがった使い方である。

言葉は習熟しなければ、なんの意味もない。つまり、**文章を読むとき、自然と論理を意識して読み、自然と論理的に設問に答えられるようになるまで、何度も何度も反復しなければならない。**

私の一冊の参考書を読破すれば、確かに私が問題文をどう読み、設問をどう解いたかを理解することはできるだろう。だが、それで突然、私と同じ頭の使い方ができるわけではないのである。「この一冊で完璧」といった謳《うた》い文句は、少なくとも現代文においてはまったくのプロパガンダ（宣伝）なのである。

では、どうすればいいのか？

まず現代文のルールを知らなければならない。

その上で、文章を論理的に読むとはどういうことか、論理的に解くとはどういうことか、まさに現代文の理論をしっかりと理解することから始めるべきである。

真実は君たちが今まで固く信じていたところと、まったく正反対のところにあるのだ。間違った方法のままで何年学習しようと効果が上がらないのは当然である。

そこで、『**好きになる現代文**』では、私の文章の読み方、設問の解き方、つまり**私の頭の使い方を徹底的にビジュアル化することで、論理的な現代文の読解法、解法を提示した。**本書によって、君たちは現代文がなんたるかを知ることができるのである。

しかし、方法を知ったところで、それを習得したことにはならない。学習した文章は理解できても、初めて見る文章を論理的に読み取ることがすぐに可能なわけではない。

『論理入門編 上』は、比較的簡単な良問をじっくりと解くことで、君たちの理想的なフォームを提案する。

そして、『論理入門編 下』では、難解な評論を中心に、君たちの考える力を鍛えると同時に、そのフォームの習得を目指していく。

最後はいよいよ実戦練習である。

『センター対策編』『小論文対策編』と、自分の志望校に合わせた問題集を選択し、実戦力を磨き上げるべきである。

現代文の真の力は、このようにシステマティックな学習によって初めて可能になるのである。

本書の利用法

1 まず問題を自分なりにじっくりと解いてみること。そのときに大切なのは、答えよりもプロセスを重視して、じっくりと取り組むこと。

2　次に本書の解説を読むことになるのだが、**自分の解いたプロセスと私の説明したプロセスとを重ねてみる**こと。どこが同じで、どこが異なっているのか。この段階で君たちの解き方が徐々に変わっていく。

3　ここからが大切なのである。最後まで読み終えたなら、試験本番まで何度もくり返すこと。もちろん、答えはすでに覚えているし、最初から解説を全部読み直せと言っているわけではない。

　別冊の問題文だけを取り出し、頭の中で**私の説明を再現してみる**こと。たとえ答えは覚えていても、それをどのようなプロセスで導き出したのか、それをうまく説明できなかった箇所だけ、もう一度解説をじっくり読み込む。問題意識を持って読むから、解説は面白いように頭に入ってくるし、その箇所だけを読むのだから、二回目は早く読了することができる。

　そうして、最後には問題文全部を頭の中で完全に説明できるようにする。そのとき、君たちの頭脳には論理的な読解法、論理的な解法がしっかりと根付いているはずである。

ストックノートの作り方

評論はある角度からこの現代を切り取ったものであり、十の評論を理解したなら、君たちはこの現代を十の角度から理解したことになる。そして、評論問題も英語の論説文も小論文の主題も、すべてこの現代に関するものである限り、現代に対する認識力を深めることが重要になる。そこで、ストックしたい評論文を一冊のノートに貯めておかなければならない。

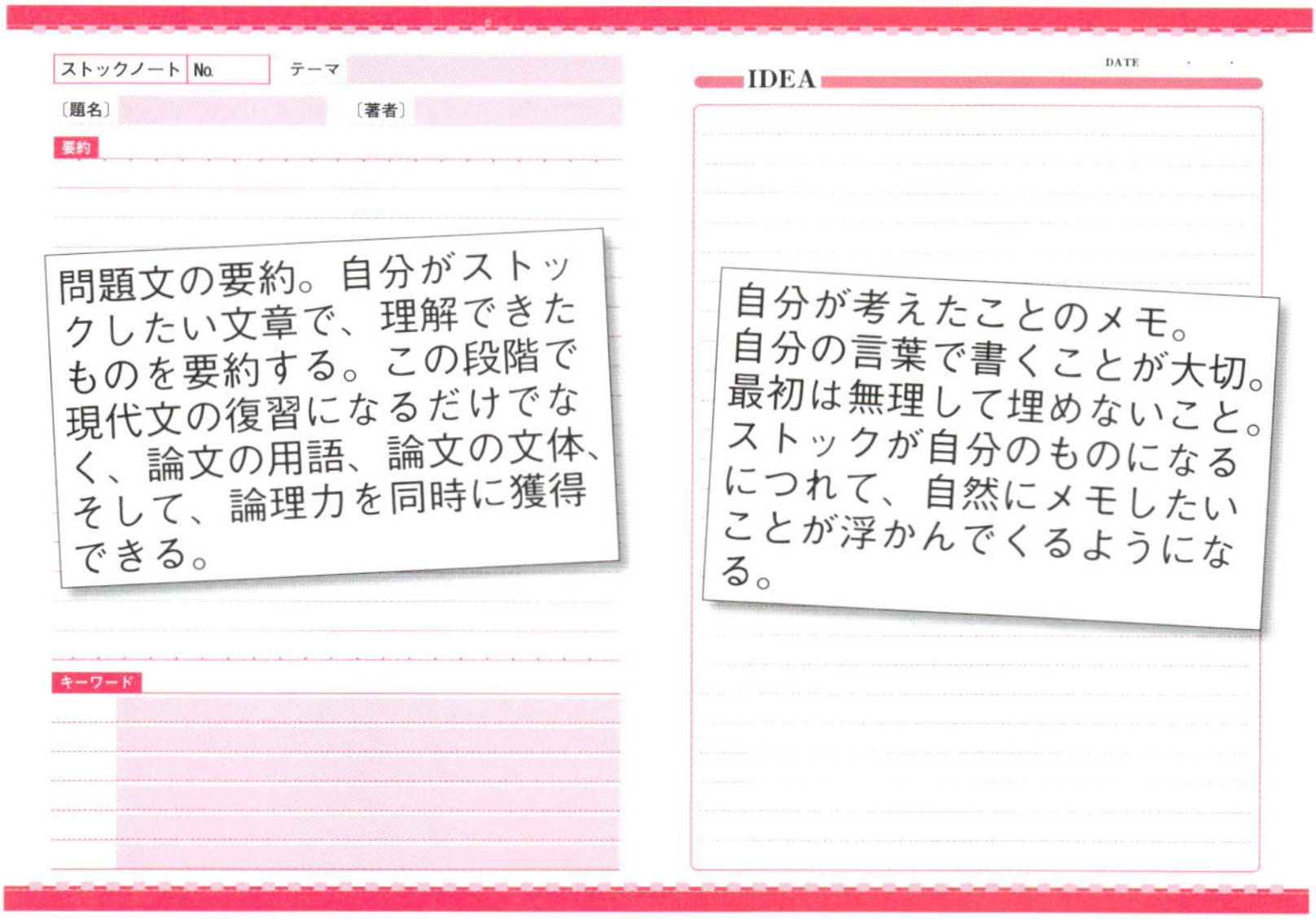
ストックノート No.
テーマ
〔題名〕
〔著者〕
要約
キーワード
IDEA
DATE
問題文の要約。自分がストックしたい文章で、理解できたものを要約する。この段階で現代文の復習になるだけでなく、論文の用語、論文の文体、そして、論理力を同時に獲得できる。
自分が考えたことのメモ。自分の言葉で書くことが大切。最初は無理して埋めないこと。ストックが自分のものになるにつれて、自然にメモしたいことが浮かんでくるようになる。

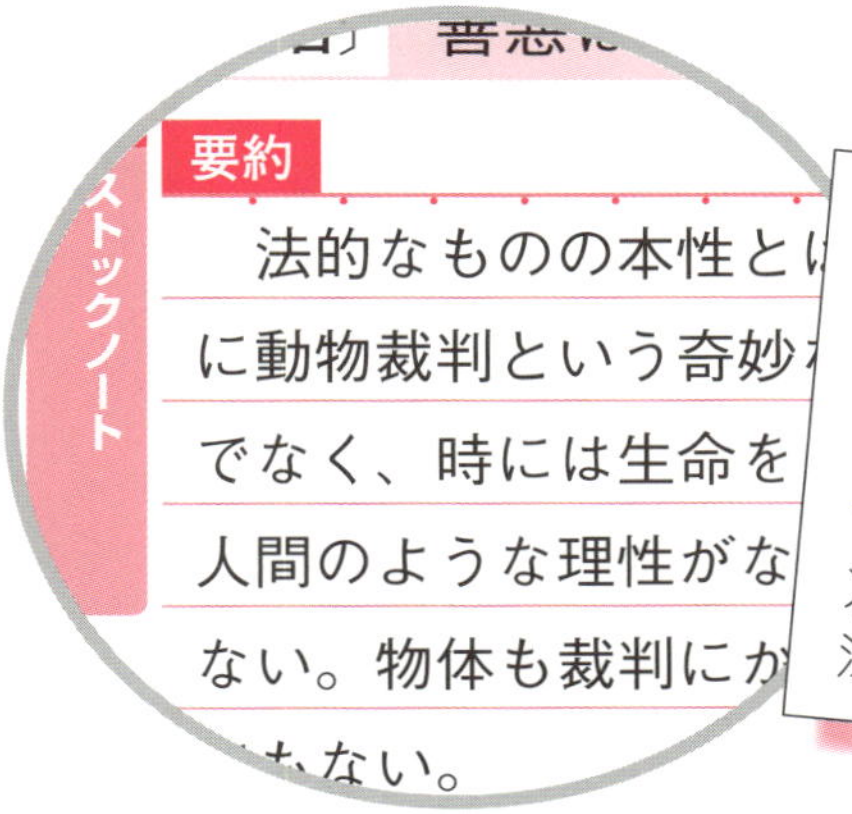
要約

ストックノート

法的なものの本性と

に動物裁判という奇妙

でなく、時には生命を

人間のような理性がな

ない。物体も裁判にか

まず『好きになる現代文』で学習した評論文を左ページに要約します。そして、電車の中など、隙間の時間にくり返し読みます。評論文はすべてこの現代を語ったものなので、次第に現代に対する認識力が深まってくるわ。

キーワードのところには、大事な評論用語や覚えておきたい言葉を書き込んでおきましょう。

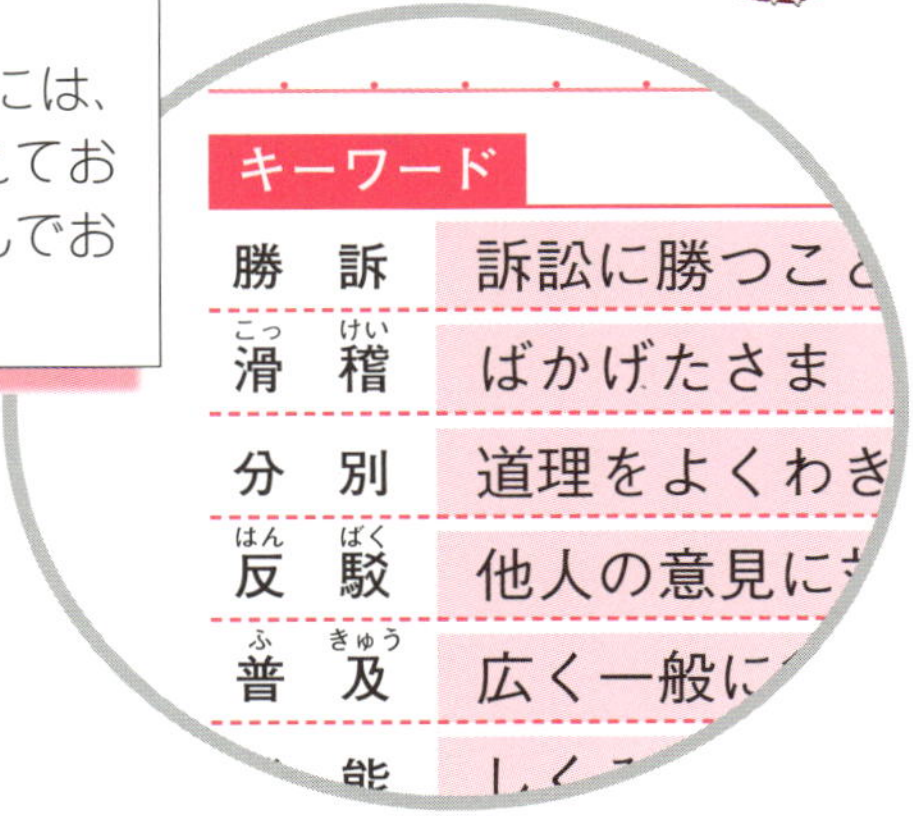
キーワード

勝訴	訴訟に勝つこと
滑《こっ》稽《けい》	ばかげたさま
分別	道理をよくわき
反《はん》駁《ばく》	他人の意見に
普《ふ》及《きゅう》	広く一般に

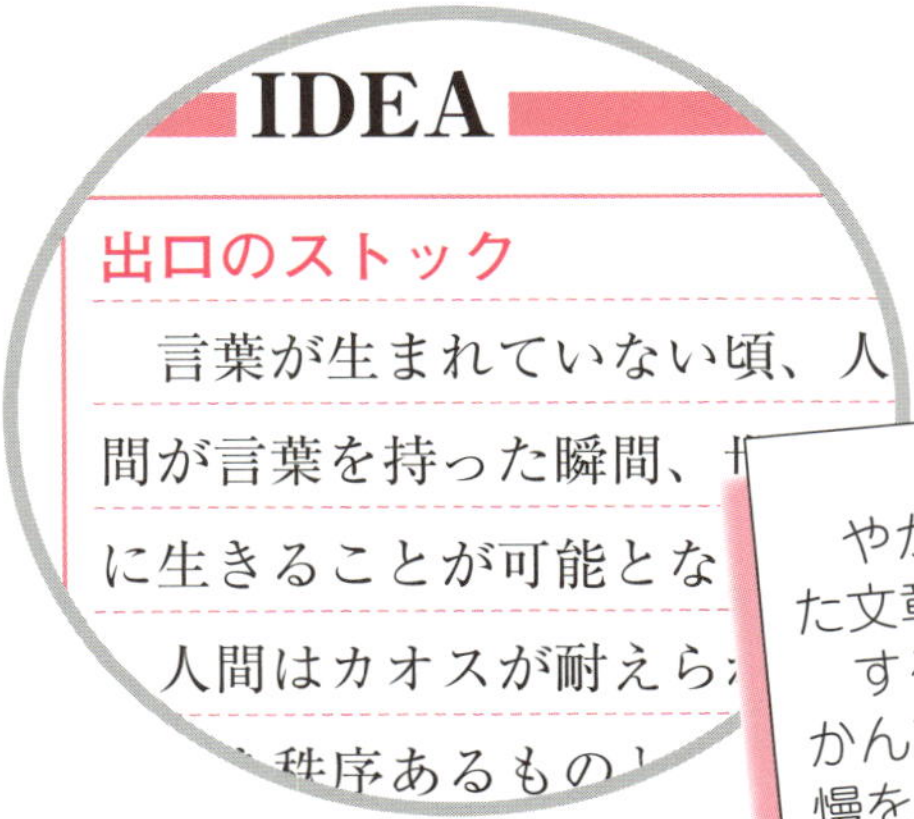
IDEA

出口のストック

言葉が生まれていない頃、人

間が言葉を持った瞬間、

に生きることが可能とな

人間はカオスが耐えら

やがて自分の言葉で、ストックされた文章を説明できるようになります。すると、否が応でも自分の考えが浮かんでくるはずです。そのときまで我慢をすること。もし、浮かんできたなら、すぐに右ページに自分の言葉でメモをしてね。

もくじ

『システム中学国語』に続いて再び登場の、才色兼備の猫です。

私、出口先生の講義で頭を使うことの面白さを知ったのです。
だから、もっともっと知的な猫になりたい。

そこで、最難関大学を目指すことにしました。

みなさんと一緒に論理力を磨いていきたいと思いますので、
よろしくお願いします。

第1章

論理的読解力

久しぶりの先生の講義、今からわくわくします。いよいよ始まりますね。

うん。ミシェルは『**システム中学国語**』で最低限の考え方はできているけど、この講義は「出口の現代文」に初めて取り組もうとする人のための『**論理入門編**』なんだ。ミシェルも、もう一度基礎から学び直すことから始めようね。

高校受験からもうだいぶ時間が経っているから、私の鋭敏な頭脳も少し鈍っているかもしれないわ。この辺で足下を固めることも大切かも。

先生、この講義は論理を徹底的に鍛えるためのものなのでしょ？

そうだね。現代文は論理の教科だし、その論理はすべての教科の土台となるものだから、この講義で根本から学習していこう。ミシェル、疑問に思ったことはどんどん質問していいよ。

はい、鋭い質問で、先生を困らせちゃうかも。

■ 現代文のルール ■

現代文には**三つの大原則**があるんだ。それは憲法みたいなもので、どんな問題を解くときでも、必ずこの原則にしたがわなければならない。そういった現代文のルールを知らないで、自分勝手に文章を読み、行き当たりばったり問題を解くから、いくら努力をしてもそれが成果になって現れないんだ。

努力しても報われないなんて、一番悲しい。で、先生、そのルールって？

現代文のたった一つのルールは、問題文の前に書いてあるよ。

「次の文章を読んで、後の問いに答えなさい。」

えっ、それって、当たり前。

うん。「次の文章を読んで、後の問いに答えなさい。」ということは、「**次の文章 ＝ 問題文**」

を理解できたかどうかを、後の設問で試しますよってこと。だから、**答えや設問の根拠は全部問題文の中にある**から、それを探せばいいだけなんだ。

なんだ、簡単。英語と違って全部日本語で書いてあるし、理科や社会のように覚えることもあまりないし。でも、それなのに現代文の点数がとれないのは、みんな所詮日本語だから勉強しなくてもなんとかなるって高をくくっているからでしょ？

その通り、**「所詮日本語だから勉強しなくてもなんとかなる」では通用しない文章を、出題者は一年かけて探して来る**んだ。

確かに、古文や漢文は勉強しなければ読めないし、論説文も論文の一種だから、普段から論文の文体・文章に慣れていないとわからないし、小説問題も長い作品の一部を切り取ったものだから、普通に小説を読むように読んでも正解は導けなかったわ。

さすが。**『システム中学国語』**を学習しただけのことはある。でも、これからもっと高度なことを身につけていかなければならないんだ。高校入試でも論説文を勉強したけれど、大学入試では評論文、論説文よりもさらに論理性の高い文章を読んでいかなければならない。現代文はなぜただなんとなく文章を読んでも正解を得ることができないのか、それはこれから一つ一つ学習していくけれども、とにかくそのためには、現代文の憲法とも言うべき、一つ目の大原則をしっかりと頭に入れておくこと。ある意味では、これが現代文のすべてと言っていい。

大原則 1

すべての答え、根拠は問題文中にある。
問題文に書いてあるものは○で、書いていないものは×である。

だから、君たちは設問を解くとき、必ず問題文中から答えや根拠を探さなければならない。
もう一つ大切なことは、設問は問題文を理解しているかどうかを試すものだから、**問題文を理解すれば自ずと設問の答えが出る**こと。だから、問題文をしっかりと理解することだけを考えればいいんだ。

つまらないテクニックなんて無用ってことね。私はもちろん〝現代文の王道〟を歩きます。

出口式現代文の勉強は、単に国語の点数を上げることだけが目的ではなく、**すべての教科の土台となる論理力や文脈力、さらには記述・論述力や小論文の力まで養成する**ことだから、決しておかしなテクニックなどでごまかしてはいけないんだ。

はい、先生、わかりました。

■評論は非日常的な世界■

問題文は「所詮日本語だからなんとかなる」では通用しない文章を、出題者はわざわざ選んでくると言ったね。その代表が評論文。**評論文とは筆者が自分の主張を不特定多数の他者に向かって論証した文章**であり、**論文の用語、論文の文体**が駆使されている。

確かに、私たちは日常、論文の用語も文体も使うことはないわ。先生、論文の用語って日常私たちが話している言葉とは違うし、論文の文体ってメールで書く文体とも異なっているんでしょ？

もちろんだよ。君たちはおそらく日常、論文の用語で喋《しゃべ》ったり、論文の文体でメールを書いたりはしない。だから、「所詮日本語だからなんとかなる」わけではないんだ。第一、評論文のテーマは、近代の終焉であったり、アイデンティティの喪失であったり、言語の普遍性であったりする。君たちは日常このようなことをあまり深く考えることもないはずだ。言語について深く考察したことのない人間が、入試問題で言語論について短時間で理解できるはずもない。ましてや小論文で、いきなり自分の意見を論証できるはずがない。

確かに、そうよね。普段から評論用語で喋っていたら、友達に嫌われちゃう。

でも、最も大切なことは、評論文は筆者の主張を論証した文章であるということだよ。論証とは、筋道を立てて説明すること。読み手がいったい誰だかわからないから、感覚は通用しない。それでも、自分の主張を不特定多数の読者に向けて正確に伝えたいと思うとき、筆者は自ずと筋道を立てて説明しようとする。それが評論文なのだから、逆に言うと、君たちは**筆者の立てた筋道を理解し、筆者の主張を正確に読み取る**こと。それ以外にどんな読み方もない。

大原則 2

筆者の立てた筋道を追う。

筆者が不特定多数の読者に向かって筋道を立てて文章を書いている限り、文章を読むとは、その筋道を理解していくことである。

だから、**現代文は論理の教科**なんだ。いったい誰がセンス・感覚って、正反対のことを教えたのかしら。

教える側も教えられる側も、現代文はセンス・感覚の教科だとずっとごまかしてきたんだ。君たちは筆者の立てた筋道を無視して、自分勝手に読み、自分勝手に設問に答えたりする。その結果、合ったり間違ったりすると、「現代文は所詮センス・感覚だ」とうそぶくことになる。教える側も教える側で、すべての問題を論理的に説明することができないから、「現代文には答えがいろいろある」と言ってみたり、他の先生から反論を受けると、「見解の相違」と逃げてしまう。そうやって、みんながごまかしてきたんだ。

現代文って、変な教科。英語や数学で先生がきちんと説明しなかったら、みんな怒り出してしまうのに。

うん、みんな間違った勉強の仕方をしているから、努力に見合う成果を得られないでいる。本当は現代文って、数学と同じように、全部論理的に解けるんだ。**論理だから、一貫した読み方、解き方があるし、訓練すれば誰でも高得点がとれるようになる。**しかも、現代文を学習することによって論理力が身につくから、**あらゆる教科の成績が伸びてくる。**

それって、いいことずくめね。

では、いよいよ論理の話に入っていこう。物事の本質は実はとてもシンプルなんだ。論理も実は単純で、実際に君たちが身につけなくてはならない**論理パターンはたった三つ**。その三つの論理パターンを駆使するだけで、現代文だけでなく英語も古文も数学の文章題も、そして小論文も解くのがすごく楽になる。

わぁ、魔法みたい。

論理パターン１　「イコールの関係」具体例・体験・引用

■論証責任と具体例■

評論問題を解く上で最低限知っておかなければならないのは、**「イコールの関係」「対立関係」「因果関係」**の三つの論理パターンだが、まずは「イコールの関係」を説明しよう。

「イコールの関係」って、なんだか数学の話みたい。

その通りだよ。算数や数学では左辺と右辺がすべて「イコールの関係」で成り立っているね。

万有引力の法則でも、「すべての物と物とが引っ張り合っている」ならば、「地球と月も引っ張り合っている」し、「球と斜面も引っ張り合っている」。これらはすべて「イコールの関係」なんだが、それは数学も物理もすべて論理という約束事で成り立っている教科だからなんだ。

先生、現代文は確か**「筆者の主張」**と、**「具体例」「体験」「引用」**などが「イコールの関係」だったでしょ？

ミシェル、よく理解しているね。その通りだよ。評論文は筆者が自分の主張を論理的に説明した文章だと言ったよね。そして、評論文では、**自分の主張に対して論証責任が生じる**んだ。

論証責任？

自分がAと思っても、人はAと思っているとは限らない。ましてや、読者は不特定多数の誰かなのだから、人それぞれいろいろな考え方がある。第一、誰もがAと思っていることなら、それは常識であって、わざわざ文章を書く必要などない。そこで、Aを主張しようとするなら、それに対して論証する責任が生じるというわけだ。

論証って、論理的に説明することでしょ？　やっぱり現代文の世界は論理であって、センス・感覚の世界とは全然違うんだわ。でも、論理って言葉を使うと、なんだか頭が良くなった気がして、楽しい。

いや、ミシェル、本当に頭が良くなっていくんだ。それはともかく、筆者がAを不特定多数の人に理解してもらおうと思ったとき、具体的にどうすればいいと思う？

う～ん、わかりません。

証拠を挙げればいい。Aなら、それを**裏付ける証拠**をなるべくたくさん挙げていく、それが**具体例**なんだよ。そして、**筆者の主張Aと具体例A'との間には、「イコールの関係」が成り立つ**。

確かにそうよね。Aを裏付けるために具体例を挙げたのだもの、「イコールの関係」でないと、論理的に成立しなくなる。

大切なことは、具体例は身近でわかりやすい例でないと効果的でないということ。読み手に「なるほど」と思わせれば勝ちなんだ。

確かに具体例の方が筆者の主張よりも難しかったら、わざわざ証拠を挙げる意味がないものね。

その通りだね。ところが、具体例の方がわかりやすく、しかも、読者の興味をひく話だったりするから、問題を解くときにどうしても具体例の方に目がいってしまう。その結果、筆者の主張を読み落としてしまうことになるんだ。

それは気をつけなければ。

ここまでで、三大原則のうちの二つ、**「すべての答え、根拠は問題文中にある。」「筆者の立てた筋道を追う。」**は説明したね。最後の原則は後回しにして、早速問題を解いていこう。

はい！

01『善悪は実在するか』河野哲也

（別冊問題集2ページ）

★論理的読解法

ミシェル、まずは**論理的に頭を使う訓練**から入っていこうか？

先生、まかせておいて。だって私は論理猫のミシェルよ。

■動物裁判■

問題提起

そもそも、法的なものとは何であり、どのような働きをするものだろうか。十九世紀に入るまでヨーロッパに存在していた、動物裁判という奇妙な制度を取り上げて、法的なものの本性を明らかにしてみよう。

A′動物裁判とは、（定義付け）文字通り、人間に害を与えた動物や昆虫などをその地方の慣習法によって裁判にかけることである。【（具体的説明）十二世紀から十八世紀まで、ヨーロッパ各国、とくにフランスで頻繁に行なわれた。［ a ］は、イヌ、ウシ、ブタ、ネズミ、モグラなどの哺乳類だけでなく、ニワトリやスズメ、ハエやイモムシ、ナメクジ、ミミズに至るまで、ありとあらゆる害獣・害虫に及んでいたという。［ b ］・弁護の双方から犯罪の証拠が吟味され、人間とまったく同じ訴訟手続きを踏んで［ c ］され、刑が執行された。】

先生、先生、たいへん、「動物裁判」だって。私も裁判にかけられちゃうのかしら？

ミシェル　落ち着いて。「動物裁判」って、思わず「えっ」と思ってしまうから、そちらの方に意識がいくかもしれないけれど、筆者が言いたいのは「動物裁判」ではないよ。

えっ！　「動物裁判」が言いたいことではないの？

まず文章を読むときは、**筆者の主張A**なのか、**具体例などのA′**なのかを考えなければならないよ。「動物裁判」が興味をひく話題だから、筆者はその話から始めたのだけれど、あくまで具体例は筆者の主張を裏付けるための証拠に過ぎないんだ。だから、筆者の主張Aを探し出して、そこに線を引かなければならない。**A'→Aの論理パターン**だよ。

でも、筆者の主張がどこに書いてあるのかわかりません。

■問題提起■

ミシェル、冒頭を見てごらん。

「法的なものとは何であり、どのような働きをするものだろうか」と書いてあります。

うん。これを**問題提起**って、言うんだ。筆者が自分で質問をして、それに対してあとで自分で答えを提示する。

先生、なぜそんな面倒くさいことをするんですか？

一種の強調表現なんだ。あるいは、読者にも一緒に考えてもらいたいという筆者のメッセージだ。強調表現だということは、当然それだけ大切だということ。だから、**問題提起があったら必ず線を引き、次にその答えを探しながら読んでいかなければならない。**

先生、**その答えとなる箇所が、「筆者の主張」**でしょ？

うん。だから、**「問題提起とその答え」**という筋道（論理）にしたがって、文章を読んでいこう。

それが論理的読解ってわけね。納得。

> **読解の公式**
>
> ◆問題提起の答えが「筆者の主張」。

■具体的説明■

さらに筆者は「**法的なものの本性を明らかにしてみよう**」と言っている。そのために、「**動物裁判**」という奇妙な制度を例として取り上げたんだ。さあ、目標は定まった。「**法的なものの本性**」

を述べている箇所が筆者の主張Ａで、「**動物裁判**」は具体例Ａ′。そして、**ＡとＡ′との間には「イコールの関係」**がある。論理を追うとは、このように**先を予測して読んでいく**ことだから、いつでも頭を動かし続けていることになる。

頭の使い方まで学べるわけね。

次の段落を見てごらん。冒頭に「**動物裁判とは**」とあるね。この「**とは**」をチェック。「とは」は**定義付け**をするときに使うんだよ。そして、次の「**十二世紀から〜刑が執行された。**」までをカッコにくくる。

えっ、どうしてですか？

「**動物裁判**」の**具体的説明**に過ぎないからだ。だから、文章の要点ではない。文章には要点となる箇所（筆者の主張）と飾りの箇所（説明箇所）があるのだが、その**要点となる箇所を探して線を引く**ことが大切なんだ。

そうか。そもそも「**動物裁判**」が具体例で、文章の要点でないから、その具体的説明なんてもっともっと飾りの部分なんだ。

要点さえつかまえれば、それをまとめれば要約問題の答え。設問を解くときは、大抵の場合、要点が答えかその根拠となる。だから、論理を追いながら、文章の要点に線を引っ張っておく。証拠を残しておくことが大切なんだ。

でも、ナメクジやミミズまで裁判にかけるなんて、おかしい。その裁判の場面を見てみたいわ。「**動物裁判**」の例で、筆者は法律の何を論じようとしているのかしら？

■ 例示の「たとえば」 ■

例示

たとえば、文学研究者のエヴァンスによれば、【一三七九年のペリノ・ミュエでは、ブタの群れが興奮し、三匹のブタが豚飼いの息子に突進してケガをさせ、それが原因で息子は死んでしまったという。三匹は法的裁判の後に死刑を申しつけられたが、殺人現場に集まって大声をあげていた他のブタたちも共犯として逮捕され、処刑された。】

並列

あるいは、【バッタの大群に「ぶどう園と畑から立ち去り、損害を与えてはならない」との宣告が出されたり、ある地方の大麦を「食い荒らしカイメツ(ア)させた」罪でネズミが裁かれたり（彼ら被告人は、指定された日に法廷に出頭しなかったそうである）、教会内でおしゃべりをしたためにスズメを訴追したりしていた。】現代の私たちには滑稽《こっけい》に思えるが、当時の人びとは真剣だった。

次は**接続語に着目**してごらん。すると、「**動物裁判**」の具体的説明がどこまでかがわかるよ。

はい。まず「**たとえば**」とあります。動物裁判の**具体例**をさらに述べているんだわ。だから、飾りの部分。次の接続語は「**あるいは**」。先生、「あるいは」って、なんですか？

並列関係を示す言葉だね。**（A）あるいは、（B）**といった論理的関係だから、**A**が具体例ならば、**B**も具体例。つまり、これらもすべて飾りだから、カッコにくくってしまえばいい。

本当だ。なんだかスッキリ。ここまでの箇所は、「法的なものの本性とは何か」だけをチェックしておけばいいんだもの。

そうだね。このように**文と文にも論理的関係があり、それを示している論理語が接続語と指示語**なんだ。それを手がかりに読んでいくと、自然に論理的な読み方ができてくるんだ。

読解の公式

- ◆「たとえば」は**例示**。
- ◆「あるいは」は**並列**。

■逆接に着目せよ■

これらの動物裁判は、被害者である住人が［ d ］して、それをその土地の領主や司教なりが裁判官となって引き受ける。しかし（逆接）同じ時代の神学者や法学者たちは、動物裁判を馬鹿げたものと見ていたようである。【十三世紀後半に当時の慣習法を成文化した法学者のボーマノワールは、動物裁判を「無意味なこと」と断じ、動物の犯罪の責任を負うべきは所有者であると主張する。】やはり（添加）【十三世紀のスコラ哲学者のトマス・アクィナスも、理性分別のない動物は罪を犯すことも罰せられることもできないと論じた。】つまり（言い換え）裁判を実施していた人びとと知識人のあいだにはギャップがあったわけであるが（逆接）、彼らが真剣に反駁しなければならないまでに動物裁判は普及していたのである。

先生、**「接続語」を意識**して読みました。なんだか頭の使い方が変わってきたみたい。

接続語の中でも、特に**逆接が大切**なんだよ。逆接は前の文の流れをひっくり返す役割で、**その後に筆者の主張が来る**ことが多いんだ。

ミシェル、ここで少し**論理語**について説明してみようか。

ええっ、論理語ってなんですか？

感覚的な読み方ではなく、文章に内在する論理にしたがって読んでいかなければ、論理的な読解はできなかったね。さらに、文章の中には**論理的読解の鍵となる言葉**があるんだ。それを僕は**論理語**と読んでいるんだけど、もちろん文法的な意味で言っているんじゃないよ。

そうか。「たとえば」とか「つまり」といった接続語のことでしょ？

うん。「たとえば」「つまり」は、文法的に言ったら、どちらも用言を修飾する言葉、副詞なんだけど、「たとえば」は例示、「つまり」は**「イコールの関係」を表す論理語**だと言った方が、実際に役に立つんだ。

「だから」「したがって」と言えば、文法的には順接だけど、「因果関係」を表す言葉でその前に理由が来ると考えた方が、論理的読解にとっては有効なんだよ。

なるほど。確かにその方が使えるわね。

逆接が来れば、前の流れをひっくり返され、その後には「筆者の主張」が来ることが多い。「～とは」は定義付けの言葉、などというように論理的な鍵となる言葉が論理語で、こうした言葉に着目して読めば、**感覚に頼らない論理的な読み方**ができるし、**設問を解くときも、それが客観的な根拠になる**から確実に得点できるようになるんだ。

なんて便利な言葉でしょ！
あっ、早速見つけたわ！
「**しかし同じ時代の神学者や法学者たちは、動物裁判を馬鹿げたものと見ていたようである。**」に、逆接が使われている。

ということは、今までの動物裁判の具体例はすべてひっくり返されたわけだ。当時の学者たちは私たちと同じように、動物裁判を馬鹿げたものと考えていた。ボーマノワールもトマス・アクィナスも馬鹿げたものと考えていた例として挙げられている。

だから、**「やはり〜も」**と、論理語が使われているのね。先生、次に**「つまり」**があります。

うん、「やはり〜も」は、さらに具体例を付け加える言葉で、**添加**。
そして、「つまり」は**「イコールの関係」**を示す大切な論理語で、ボーマノワールやトマス・アクィナスの考えをまとめているんだ。裁判を実施していた人は真剣だったかもしれないが、学者たちはそれを馬鹿げたものと考えていた。

先生、それが筆者の主張ですか？

ところが、筆者はそれをさらにひっくり返す。

ええっ！

ほら、「が、彼らが真剣に反駁しなければならないまでに動物裁判は普及していたのである」と、**逆接の接続助詞**の**「が」**が使われている。つまり、最終的には、筆者は**ここまで動物裁判が普及していた**と言いたかっただけなんだ。だから、今までの箇所は脳裏から消してしまえばいい。すると、要点が見えてくるだろ？

なんだかだまされた感じ。

大切なのは結果ではなく、文章を読んでいくプロセス、頭の使い方なんだ。最初のうちはそれを丁寧にやっていこう。筆者は今から「法的なものとは何か」を論じようとしている。そのために「動物裁判」を持ち出した。今、頭に残しておくのはこれだけなんだよ。

はい。接続語に着目するのって、頭脳が論理的に回転しているような感覚で、とても面白くなりました。

読解の公式

◆「つまり」は、言い換え・要約。

◆「が」は、逆接の接続助詞。

■新たな問題提起■

私たち現代人には、動物裁判など愚かに思われる。害獣や害虫は端的に駆除すればよいのであって、なぜ裁判にかける必要があるのか。その不可解な行為の動機と理由を知りたくなる。しかしその前に、こう問い直してみることも可能ではないだろうか。

問題提起

動物を裁判にかけることがナンセンスなら、なぜ人間を裁判にかけることはナンセンスでないのだろうか、と。もしかすると本当は、同じほどナンセンスなのではないだろうか。

先生、また**問題提起**。この答えを探しながら読んでいけばいいのでしょ？

うん。害虫などは駆除すればいいのであって、なにも裁判にかける必要なんてない。だから、動物裁判はナンセンスだ。それなら、**人間を裁判にかけることはどうか。それも同じようにナンセンスではないか、と。**

先生、また頭が混乱してきました。この筆者は人間の裁判も否定したいのかしら？

それは先を読んでいけばわかるよ。

■Ａではなく、Ｂでもなく、Ｃ■

> 先のボーマノワールとトマス・アクィナスの解答は、「動物には思慮分別・理性がないが、人間にはある、だから人間を裁判にかけることはおかしなことではない」というものである。逆接 **しかし**、問題提起 なぜ理性があると裁判可能なのであろうか。なるほど、人間は他の動物よりも認識力に優れており、罰せられると分かれば、その行為を控えようとするだろう。逆接 **だが**裁

定義付け

判とは、そうした[e]な意味から発生したものだろうか。

先生、たいへん！　また問題提起。しかも、逆接の「しかし」「だが」があるわ。頭が混乱しそうよ。

ミシェル、落ち着いて。問題提起がくり返し登場するというのは、筆者の筋道の立て方がそうだからなんだ。つまり、**筆者はいきなり結論を出さずに、読者にも一緒に考えてもらいたいと願っている。**

だから、**「問題提起と答え」**といったくり返しなんだ。

逆接がくり返されるのは、筆者がある意見を持ち出しては、次にそれを否定しているからだ。**「Aではなく、Bでもなく、Cだ」という論理**を使っているんだよ。

だったら、**最後のCをつかめばいい**だけなの？

でも、こういった場合は、Cは最後に登場するので、それまで我慢しなければ。

早くCを登場させてよ。

まずは論理を追っていこう。
動物は理性がないから裁判にかけても仕方がない。けれど、人間は理性があるから裁判にかけてもおかしくないという考え。

納得。

でも、筆者はそれを**「しかし」で否定**するんだ。そして、**問題提起**。
「なぜ理性があると裁判可能なのであろうか」。

問題提起の場合は、その答えを探して読んでいくのでしょ？

うん。その答えは、人間は「罰せられると分かれば、その行為を控えようとするだろう」。

それも納得。

ところが筆者はそれも**逆接の「だが」で否定**する。

えっ！

「裁判とは、そうした［ e ］な意味から発生したものだろうか」の「そうした」は、「罰せられるから、その行為をしなくなる」こと。もちろん筆者はその考えに否定的なんだね。

では、裁判ってなんのためにやるの？

だから、その答えを探しながら読んでいかなければならない。

「動物は理性がないけれど、人間には理性があるから裁判にかけることはおかしくない」

しかし（逆接）

「なぜ理性があると裁判にかけることはおかしくないのか」（問題提起）

「罰せられると、その行為をしなくなるから」（答え）

だが（逆接）

「裁判とは、そうした［ e ］な意味から発生したものだろうか」

読解の公式

◆A・Bを否定したなら、最後にCが来る。

■譲歩と否定■

譲歩

もちろん、【現代社会では e な目的のために法が制定されている。運転免許の取得には、交通ホウキ(イ)の勉強が義務づけられている。ホウキを守ってもらうためである。「刑罰の目的は、罪を犯した人の処罰によって、世人一般に、また受刑者本人に、犯罪が引き合わないことを知らせて、犯罪を未然に予防するという点に求められるのが普通である」と言われる。】

〔A　もしそうであるならば、私たちには法律についてもっと知らされる機会があってよいはずだろう。〕〔B　こう考えると、動物裁判こそが、法の根源的機能を表現していると言えるのではないだろうか。〕〔C　この点においては、動物も人間も違いがない。〕

〔D しかし《逆接》、予防が法の根源的な機能と言えるだろうか。〕〔E 現実には、その法を知っていようがいまいが、それを犯した者は罰せられるのだ。〕

先生、筆者は次に「罰せられるから、その行為をしなくなる」の意見に賛成の例を挙げているわ。

「もちろん」をチェック。「もちろん」「なるほど」「たしかに」などは、**譲歩を表す論理語**として使われることが多いんだ。

譲歩って、譲ることですか？

そうだよ。筆者は自分と反対の意見を持ち出すことがある。なぜなら、**反対意見を次に否定すれば、自分の意見の正しさが証明されたことになる**からだ。だが、頭ごなしに否定すると、けんか腰になる。そこで、**一歩だけ譲るのが譲歩**だよ。**「なるほど（たしかに）（もちろん）～かもしれない。しかし～」**と、**次に、逆接を持ち出して、相手の意見をひっくり返す**んだ。

人間って、面倒くさい生き物ね。

一応相手を尊重しなければならないんだ。だから、相手の意見を否定するときこそ、より慎重にならなければならない。そして、「もちろん」の後は、筆者と反対の意見だから、カッコにくくってしまえばいい。

でも、次が整序問題になっているわ。

おそらく次に筆者が相手の意見をひっくり返している箇所が、整序問題になっているんだ。これは後からじっくりと解いていこう。

結局、筆者の主張は「理性がある ↓ 罰せられるから悪いことをしない」といった考えに賛成していないんだ。それなら、なんのために裁判はあるのかしら?

読解の公式

◆反対意見は、いったん譲歩してから、否定する。

■ 引用A′の役割 ■

A 文学研究者のエヴァンスは、動物裁判に関して興味深い報告をしている。それによれば、動物裁判はじつはヨーロッパの中世だけに行なわれたのではなく、古代ギリシャにも見出される制度である。【A′ 引用 プラトンの『法律』には次のような記述が見られる。「もし動物が、荷を運ぶ動物でも、その他の動物でも、誰かを殺した場合は、（中略）近親者は、その動物を殺人のかどで訴えるべきである。そして近親者から指名された地方保安官が、（中略）裁判を行なって、その動物に罪がある場合は、これを殺して、国土の境界の外に投げ棄てるべきである」。】

添加 それだけではない。【A′ 引用 ギリシャ人は、人に倒れ掛かってその人を殺した側柱や、殺人の道具になった刀、人を引いた馬車などの無生物までも裁判にかけ、国外に追放した。】（中略）添加 さらに言えば、【A′ 引用 無生物への裁判は古代ギリシャだけの変わった風習ではない。エヴァンスの集めた資料によれば、『コーラン』[注]の中にも、中国やロシアの比較的に近代の判例でも、剣、銅像、偶像、鐘のような無生物への裁判が見出せる。】

筆者は「動物には理性がないけれど、人間には理性があるから裁判にかけることはおかしくない」といった意見に否定的だったね。そこで、その証拠として、古代のギリシャでも行われていたという事実を指摘した。

先生、プラトンの『法律』という文章を引用しています。

うん。**引用は具体例と同じ「イコールの関係」で、A'。**筆者の主張と同じだから、引用したんだよ。ミシェル、次に着目すべき論理語は？

え～っと……。

「それだけではない」「さらに言えば」は**「添加」**の意味の論理語だよ。だから、その後はカッコでくくる。すべて動物裁判が行われていた例に過ぎない。

それにしてもすごいわ。柱や刀、馬車まで裁判にかけたんだ。もうむちゃくちゃ。

『コーラン』も**引用**だから、A′。大切なのは、なんのためにこれだけの具体例を並べ立てたのか、ということ。つまり、この具体例で何を主張しようとしているのかを読み取らなければならない。

読解の公式

◆引用A′は筆者の主張Aと「イコールの関係」。

■因果関係を読み取れ■

> A（理由）生命のない物体も裁判にかけられていた 因果 のであれば、B 裁判はもともと犯罪の抑止や予防を目的としたものではないことになる。2 裁判は、人間・動物・物の将来における行動には何の関心もなかったのだ。

人間ならば、確かに罰が怖くて、悪いことをしなくなるかもしれない。それが「犯罪の抑止や予防」という考え。でも、生命のない物体にはそれは通用しない。

でも、だったらどうして柱や刀、馬車を裁判にかけたのかしら？

次に「**のであれば**」に着目。**「ので」**は**理由を表す接続助詞**。

論理語ね。

「のであれば」は、**「因果関係」**を表す言葉なんだ。

A→（だから）Bの論理パターン。このとき、**AはBの理由になる**。

> A「生命のない物体も裁判にかけられていた」（理由）
>
> ↓（だから）
>
> B「裁判はもともと犯罪の抑止や予防を目的としたものではない」

となる。

確かに柱や刀は裁判にかけられるのが怖くて犯罪を犯さなくなるわけじゃないものね。

当然だ。また、次のように置き換えることもできるよ。

B「裁判はもともと犯罪の抑止や予防を目的としたものではない」

↑（なぜなら）

A「生命のない物体も裁判にかけられていた」（理由）

なるほど。

現代文の設問では理由を問うものが多いので、こうした**「因果関係」がヒントになる**ことが多いんだ。では、最終結論。

Aではなく、Bでもなく、いよいよ**結論のCが来る**のね。

読解の公式

◆A→（だから）Bの因果関係を読み取る。

■主旨をつかまえる■

問題提起

それでは、法の適用は何のために行なわれるのだろうか。犯人の処罰であろうか。もちろんそうだろう。しかしそれだけならば、動物は端的に処分すればよく、物に対してはわざわざ処分の必要もない。法的行為には処罰以外の意味があるはずである。法のもとで人間も動物も事物も等しく裁かれる、ということの意味は、処罰だけでは説明がつかない。

C 最終結論

進化心理学者のハンフリーはエヴァンスの歴史研究を解釈しながら、古代ギリシャ人と中世ヨーロッパ人が共通にもっていたのは、無法状態・無秩序への恐れだ、と指摘する。[3] それは、単に法を破る者がいるという恐怖ではなく、法そのものが存在しないことへの恐怖である。裁判所の仕事は、犯罪の予防や抑止ではなく、また単なる処罰でもなく、「混沌を飼い慣らし、偶然の世界に秩序を導入すること」にあった、ということになる。

先生、見つけた。

うん。まず「それでは、法の適用は何のために行なわれるのだろうか。」と、**最後の問題提起**。

その答えが最終結論ね。

筆者は動物裁判の例を挙げることで、裁判が「**犯罪の予防や抑止ではなく、また単なる処罰でもな**」いことを証明した。

Aではなく、Bでもなく、でしょ?

うん。動物やましてや生命のないものにまで裁判にかけたところで、処罰をしても効果がないし、犯罪の予防にも抑止にもならない。では、なんのために人は裁判を行うのか?

うふふ、先生、もう見つけています。「**無法状態・無秩序への恐れ**」、これが答え。

正解。これが最終結論で、主旨。途中の要所要所で「**筆者の主張**」は登場するかもしれないけれども、**最終結論は一つ、これが主旨**なんだ。さらに、筆者はそれを「**混沌を飼い慣らし、偶然の世界に秩序を導入すること**」とくり返している。**人間はそれほどカオス（混沌）に耐えきれない**んだよ。

ようやく冒頭の「**法的なものの本性を明らかにしてみよう**」の答えが出たんだわ。でも、そんなまどろっこしい論じ方をしなくても、さっさと結論を言ってくれれば良かったのに。

いきなり結論Cを言ったところで、「そうなの？」で終わってしまうよ。読者に一緒に考えさせるというプロセスを踏むことで、初めて読者も「なるほど」って納得してくれるんだ。

そういうものなのね。でも、私、論理って面白いと思いました。

★文章全体の論理構造

問題提起

法的なものの本性とは何か？

A′　動物裁判の例。

＝

A　裁判はもともと犯罪の抑止や予防を目的としたものではない。

（なぜなら生命のないものにまで裁判をかけた例がある。）

では、なんのためにあるのか？

最終結論

無法状態・無秩序への恐れ。

⇐

混沌を飼い慣らし、偶然の世界に秩序を導入すること。

★解法のプロセス

> **問一**　二重傍線部(ア)「カイメツ」の「カイ」と同じ漢字を使うものを、次の①〜⑤の中から選べ。
> ①　カイ中に札束を忍ばせている。
> ②　宗教上のカイ律に触れる。
> ③　これが模範的なカイ答の例である。
> ④　蚊はマラリアを媒カイする。
> ⑤　風俗カイ乱のかどで罰せられる。

「カイメツ」の「カイ」は壊す、「メツ」は滅びるということ。

わからなければ、**意味から推測すればいい**のね。

(ア) 壊滅　① 懐中（懐の中）　② 戒律（戒め、律する）　③ 解答（解いた答え）　④ 媒介（間に介する）　⑤ 壊乱（壊して乱す）

解答 問一 ⑤

問二 二重傍線部(イ)「ホウキ」の「キ」と同じ漢字を使うものを、次の①〜⑤の中から選べ。
① 非正キ雇用の割合が高まった。
② ゴミの不法投キが問題になっている。
③ 皆キ日食が話題を集めた。
④ 民衆蜂《ほう》キの伝統がある。
⑤ 勝キを逸する。

これも意味から推測できるけれど、もう大丈夫だよね？

はい。

(イ)を「放棄（放ち棄てる）」としないこと。**文脈上「法規」**、つまり「法」と「規則」のことだよ。

① 正規（正しく決められた） ② 投棄（投げ棄《す》てる） ③ 皆既（すべて尽きる） ④ 蜂起（蜂が

飛び立つように行動を起こす）⑤勝機―（勝つ機会）

解法の公式

◆漢字問題はそれぞれの字の意味から推測せよ。

解答　問二　①

問三　空欄ａ～ｄに入る語句として最も適当なものを、次の①～⑦の中からそれぞれ選べ。

①　被告　②　検察　③　審理　④　告訴
⑤　処刑　⑥　解釈　⑦　制定

これは**文脈の問題**。必ず**空所の前後をチェック**するんだよ。すべて裁判の話だから、そのことを頭に置くこと。

ところで、選択肢は二つに分類できるけれどわかるかな？

えっ、どうやって？

各選択肢に「する」をつけてごらん。

「被告する」「検察する」はおかしいけれど、「審理する」「告訴する」「処刑する」「解釈する」「制定する」はおかしくありません。

そうだね。選択肢が二字熟語であることが多いのだけれど、それには**サ変動詞になるものとならないもの**とがある。これをあらかじめ分類しておくと、選ぶときに選択肢が半分になるから楽なんだ。

そうか。いいこと聞いちゃった。

ちなみにc・dは「c された」、「d して」とあるからサ変動詞、逆にa・bはサ変動詞でない可能性が高いと言えるね。

a

ミシェル、aは一文の中でどんな役割？

はい。「 a は」とあるから、**主語の役割**です。

よくわかったね。述語は「及んでいたという」。つまり、**何が**「イヌ、ウシ～ミミズに至るまで」及んでいたの？

裁判にかけられたものだから、イヌやウシは①「被告」です。

b

空所前後を検討すると、直後に「弁護の双方」とあるね。

bと「弁護」が「双方」だから、「弁護」の相手方が答えね。裁判では弁護士と検察がやりとりするから、答えは②「検察」。

c

これは直後に「され」とあるから、**サ変動詞**。

③～⑦から選べばいいのね。

裁判の手順を考えてごらん。「証拠の吟味」→「訴訟手続き」→「　c　」→「刑の執行」。

わかったわ。刑が執行されるには、その前に③「審理」されることが必要ね。

d

これもサ変動詞。そして、**主語**が「住人」なので、その**述語を選べばいい**。裁判を始めるには、最初に被害者である住人がどうするの？

住人が処罰を求めるのだから、答えは④「告訴」です。

解法の公式

◆選択肢が二字熟語の場合、サ変動詞かどうかで分類せよ。

解答 問三　a ①　b ②　c ③　d ④

問四　傍線部**1**「なぜ理性があると裁判可能なのであろうか」とあるが、その理由と関係のないものを、次の①～⑤の中から一つ選べ。

① 理性がある人間は成文化された法律を学ぶことができる。
② 理性がある人間は法に触れる行為を思いとどまることができる。
③ 理性がある人間は犯した罪にどれくらいの罰がついてまわるか計算できる。
④ 理性がある人間は裁判所から出頭を命じられた場合、そうすることができる。
⑤ 理性がある人間は法の根拠が何であり、いつ誰がそれを定めたのかを知ることができる。

わかったわ。**「問題提起は、その答えとなる箇所を探せ」**でしょ？

その通り。

先生、傍線部は筆者が次に「だが」でひっくり返したのでしょ？　だったら、筆者の反対意見である譲歩した箇所を探せばいいのね。

うん。該当箇所は35行目の「もちろん～と言われる。」までの箇所。つまり、**人間は理性があ**

るから、処罰を恐れて、法律を学び、法律を守ろうとするんだ。

だったら、①〜④まではそのことに関係しているわね。

そうだね。設問は**「理由と関係のないもの」**を選べだから、注意すること。

⑤**「法の根拠が何であり、いつ誰がそれを定めたのか」を知ることができなくても、裁判は可能だから、これが答え。**法の制定者や時期などの歴史的背景を知っているかどうかは、裁判が機能するかどうかの前提にはならないね。

解法の公式

◆問題提起は、その答えとなる箇所を探せ。

解答 問四 ⑤

問五 二箇所の空欄eには同じ言葉が入る。最も適当なものを、次の①～⑤の中から選べ。

① 予防的　② 互酬的　③ 理性的　④ 教育的　⑤ 功利的

これも**空所前後をチェック**。

直前に**指示語の「そうした」**があります。

うん。**空所前後の指示語、接続語は論理語。**直前の「罰せられると分かれば、その行為を控えようとする」を指しているね。

そこから、答えは①「予防的」です。

④「教育的」と間違えないように。直後に**具体例**として、**運転免許の例**がある。そこにも「犯罪を未然に予防する（38行目）」とあるから、①「予防的」しかないよ。

解法の公式

◆空所前後の指示語をチェックせよ。

解答 問五 ①

問六 A〜Eの文を正しい順序に並べ替えるとどうなるか、最も適当なものを次の①〜⑤の中から選べ。

① D・A・E・C・B　② A・C・E・B・D　③ B・D・E・A・C

④ C・D・A・E・B　⑤ E・A・B・C・D

わぁ〜、整序問題。一番頭が痛くなります。

整序問題は文を論理の順番に並べ替えるものだから、そのためには**文と文との論理的関係をつかまえればいい**んだ。そのとき、何に着目する？

うーん、**文と文との論理的関係だから、指示語・接続語**かな？

正解。では、チェックしてみようか。

〔A〕もしそうであるならば、私たちには法律についてもっと知らされる機会があってよいはずだろう。

〔B〕こう考えると、動物裁判こそが、法の根源的機能を表現しているのではないだろうか。

〔C〕この点においては、動物も人間も違いがない。

〔D〕しかし、予防が法の根源的な機能と言えるだろうか。

〔E〕現実には、その法を知っていようがいまいが、それを犯した者は罰せられるのだ。

わぁ〜、意外と指示語、接続語って、使われているんだ。

直前は、「犯罪を未然に予防する」ということ。指示語、接続語に着目したらどうなる？

はい。**B・C・Eは、指示語・接続語がつながりません。**でも、AとDはどちらもおかしくない気がします。

Aが来るなら、「**そう**」の指示内容が、「**犯罪を未然に予防する**」ことで、確かにつながりそうだね。Dならば、逆接の「**しかし**」で、「**予防が法の根源的な機能と言えるだろうか**」と前の流れをひっくり返しているので、これもつながっている。

ええっ、どうしたらいいのですか?

一つ目だけで答えが決まるなら、選択肢は作らなかったはずだよ。少なくとも一つ目の段階で、選択肢は①と②に絞れたじゃないか。

あっ、そうか。**①ならば、D→A、②ならば、A→Cを検討すればいい**だけなんだ。

うん。答えが②ならば、

〔A　**もしそうであるならば、私たちには法律についてもっと知らされる機会があってよいはずだろう。**〕

↓

〔C　**この点においては、動物も人間も違いがない。**〕

となる。

これ、おかしい。だって、動物は法律を知ることなんてできないもの。

それならば、**①D→A→E→C→Bの順番で、指示語・接続語を確認していけばいい。**

なんだ。整序問題って、楽チン。Dの逆接「しかし」はつながったから、〔D　しかし、予防が法の根源的な機能と言えるだろうか。〕の次は、〔A　もしそうであるならば、私たちには法律についてもっと知らされる機会があってよいはずだろう。〕。

となると、「そう」の指示内容は、「予防が法の根源的な機能」のことだから、うまくつながるわ。

次は、〔E　現実には、その法を知っていようがいまいが、それを犯した者は罰せられるのだ。〕。

法律を知っていようがいまいが、法律を犯したものは罰せられると、前の流れを受けているわ。

次は、〔C　この点においては、動物も人間も違いがない。〕。

法律を知っていようがいまいが、法を犯せば罰せられるのは、動物裁判においては人間も動物も変わりがないわ。

最後は、〔B **こう考えると、動物裁判こそが、法の根源的機能を表現していると言えるのではないだろうか。**〕。

あっ、全部つながった。**動物裁判では、法を知っていようがいまいが人間も動物も罰せられるのだから、法律は犯罪の予防のためにあるんじゃなかった**んだ。それが**動物裁判を例に考えればよくわかる**ってこと。

先生、指示語、接続語って、すごい。

うん。こうした読み方、解き方を知っているかどうかで、現代文の得点力はまったく違ったものになるんだ。

解法の公式

◆整序問題は、指示語・接続語に着目せよ。

解答

問六　①

問七　傍線部**２**「人間・動物・物の将来における行動には何の関心もなかったのだ」とあるが、なぜか、最も適当なものを次の①〜⑤の中から選べ。

① 当時の人々の主要な関心事は、将来をどうするかでなく過去の行為にどう責任をとるかだった。

② いったん処罰されたものはその後に同じ罪を犯すはずはないということが当然視されていた。

③ 古代・中世の人々は、起こりうる犯罪を未然に防ぐことよりも、すでに罪を犯した者に対し残酷な処罰をもって報復することを重視した。

④ 安全を確保するためには、将来の犯罪を防ぐことよりも、いちど罪を犯した者を国外に追放する方がより有効だと考えられた。

⑤ 裁判を罪を犯す可能性のある存在の判断や意思に働きかけて犯罪行為を未然に防ごうとしていたわけではない。

これは簡単。傍線部直前に「**裁判はもともと犯罪の抑止や予防を目的としたものではない**」とある。傍線部はこれをもう一度言い換えたものに過ぎない。

先生、⑤「**犯罪行為を未然に防ごうとしていたわけではない**」がズバリ同じことを言っているから、答え。

うん。あとの選択肢は？

はい。①「**過去の行為にどう責任をとるか**」、③「**報復することを重視した**」、④「**いちど罪を犯した者を国外に追放する方がより有効**」とは**本文にないから、×**です。②「**いったん処罰されたものはその後に同じ罪を犯すはずはないということが当然視されていた**」ならば逆に犯罪の抑止・予防になるから、傍線部直前の「**抑止や予防を目的としたものではない**」とは矛盾します。

解答 問七　⑤

問八　傍線部3「それは、単に法を破る者がいるという恐怖ではなく、法そのものが存在しないことへの恐怖である。」とあるが、以下の①～⑤の文について、この内容に適合するものには○、適合しないものには×をそれぞれ付けよ。

① 凶悪犯罪が増加傾向にあることに対する恐怖。

② 時代や社会意識とともに変化する価値観や法にすばやく適応しなければならないという恐怖。

③ 何が善であり悪であるかを判断し決定することができなくなるという恐怖。

④ 実際の犯罪を放置する以上に、人間の内なる悪を放置することになるという恐怖。

⑤ 行動を律する規範が収益性や効率性のみとなって、社会全体から倫理観が薄れていくことに対する恐怖。

「法そのものが存在しないことへの恐怖」に合うものが○、合わないものが×だよ。もちろん、**本文に書いていないものも×**。

①・②・⑤はすべて法そのものが存在しないことへの恐怖ではないから、×です。④は、「**人間の内なる悪**」が本文の内容にないから、×。

③だけが、○かな？

法そのものがなくなれば、何が善で何が悪かを決定できなくなる。裁判では善と悪は法に照らし合わせて決められるから、まさに「法そのものが存在しないことへの恐怖」と適合しているから、○。

解答 問八　① ×　② ×　③ ○　④ ×　⑤ ×

問九　筆者はこの文章の結論を導くために、なぜ「動物裁判」という奇妙な制度を取り上げたのか、最も適当なものを次の①～⑤の中から選べ。

× ①　現代人の思考様式が古代・中世の人々の思考様式よりも論理にかなっているとは限らないため。

× ②　古代・中世の人々は、悪に対して必ず報復しなければならないほど強い感情をもっていたことに新鮮な驚きを感じたため。

× ③　古代・中世の人間と動物との関係は現在のそれとは異なっているが、にもかかわらずその感覚は現代の法の観念と無関係ではないため。

◎④ 現在行き渡っている常識を覆すような制度を通して、一般に理解されているのとは異なる法の根源的な機能を照らし出そうとしたため。

×⑤ 人間を裁判にかけることは、ある意味で動物裁判と同じほどに不当で不可解であるかもしれないため。

先生、これ、簡単。だって、冒頭に「**動物裁判という奇妙な制度を取り上げて、法的なものの本性を明らかにしてみよう**」ってあるもの。答えは、④。

うん。「**現在行き渡っている常識を覆すような制度**」とは、**動物裁判**のこと。**それを例にして、「法的なものの本性」を論じている**のだから、「**一般に理解されているのとは異なる法の根源的な機能を照らし出そうとしたため**」は、○。

論理を意識するって、大切。

この問題文は、冒頭の問題提起を論証したものだから、冒頭に着目すれば答えが出るんだ。ミシェル、他の選択肢は？

はい。紛らわしい選択肢は一つもありませんでした。だって、どれも本文には書かれていなかったんだもの。

うん。本文にないものは、すべて×。

解法の公式

◆主旨の問題は、全体の論理構造から考える。

解答 問九 ④

■解答■

問一　⑤
問二　①
問三　a ①　b ②　c ③　d ④
問四　⑤
問五　①
問六　①
問七　⑤
問八　① ×　② ×　③ ○　④ ×　⑤ ×
問九　④

DATE　　・　・

IDEA

出口のストック

言葉が生まれていない頃、人間にとって世界はカオス（混沌）だった。人間が言葉を持った瞬間、世界は言葉によって分類され、人間は秩序ある世界に生きることが可能となった。

人間はカオスが耐えられない不思議な生物ではないか。自分の生きている世界を秩序あるものと理解するために、かつては呪術、神話を生み出した。やがて、それが宗教や自然科学に取って代わられた。

人間はカオスから脱却し、秩序ある世界を構築するために言葉を生み出し、そして法を作り上げたのだ。

語彙力増強一口メモ

★機能主義

現代は合理主義の時代であり、それ故、いかに役に立つかどうかという機能重視の考え方が広がっている。

★端的に言って

設問の中で「端的なものを答えよ」というものがある。この場合、ズバリ結論を述べた箇所が答え。

ストックノート	No. 01	テーマ	法律論

〔題名〕 善悪は実在するか　〔筆者〕 河野哲也

要約

法的なものの本性とはいかなるものなのか、それを明らかにするために動物裁判という奇妙な制度を取り上げてみよう。動物裁判は動物だけでなく、時には生命を持たない物体がかけられることがある。動物には人間のような理性がないから、犯罪の抑止や予防を目的としたものではない。物体も裁判にかけられることを考えれば、処罰を目的としたものでもない。

では、法の適用はなんのために行われるのだろう。それは人間の無法状態・無秩序への恐れだと、ハンフリーは指摘する。裁判所の仕事は犯罪の予防や抑止、処罰にあるのではなく、犯罪の世界に秩序を導入することにあったのだ。

キーワード

勝訴	訴訟に勝つこと
滑《こっ》稽《けい》	ばかげたさま
分別	道理をよくわきまえていること
反《はん》駁《ばく》	他人の意見に対して、論じ返すこと
普《ふ》及《きゅう》	広く一般に行きわたること
機能	しくみ全体で見られる働き
制度	社会のしくみやきまり
端的	遠回しでなく、はっきりと

■文章の要点の見つけ方■

ミシェル、「論理パターン」は覚えているかな？

確か**「イコールの関係」**まで習いました。

どんな長い文章でも、要点となる箇所とそれを説明した箇所、つまり飾りの部分とがあったね。そして、**要点となる箇所に線を引きながら読んでいく**。

はい。評論では、**「筆者の主張」**がその要点となる箇所でした。

そうだね。評論では、**筆者の主張には論証責任が生じる**。そこで、**具体例**などを挙げて論証していかなければならない。それが「**イコールの関係**」。

「イコールの関係」には、他に**体験**や**引用**がある。筆者は自分の主張をわかってもらうために身近な体験を持ち出したのだし、自分と同じ意見だからその文章を引用したわけだ。だから、これらはすべて**A′**だと言える。

筆者の主張A　＝　具体例・体験・引用A′

はい。ここまで理解できました。

うん。そこで、**A**を探しながら文章を読んでいかなければならないんだが、それには一つ、コツがあるんだよ。

えっ？　どんなコツですか？　早く教えてください。

■一般化を意識する■

「A′から入った文章はAを探しながら読め」が鉄則だったけど、問題はどうやって**A**を探すかだ。

このとき、**具体と一般を意識する**こと。そして、一般的な箇所が文章の要点となる可能性が高いので、そこに線を引くこと。

一般って、「普通」とか「世間」っていう意味かしら?

日常的にはそういった意味で使われる。でも、今、僕はこの言葉を**論理語**として使っているんだ。辞書には、次のように書かれている。

「あるグループの一部の事物について成り立っていることから、そのグループ全体について成り立つように論を推し進めること。普遍化。」

具体例も「一部の事物について」の話だよね。それを**「そのグループ全体について成り立つように論を推し進める」のが、一般化**。「一般論」という言い方をするだろ?

先生、なんとなくわかってきました。つまり、**一般化した箇所が文章の要点**ってわけでしょ。

そうだよ。最初は難しく感じるかもしれないけれど、たえず具体と一般とを意識しているうちに、自然とつかめるようになるから。

論理パターン２「対立関係」

論理パターンの二つ目が**「対立関係」**。今、筆者が自分の主張を不特定多数の読者に説明するとき、証拠を挙げるのが「イコールの関係」だとしたら、今度はそれと**正反対のものを持ち出す**のが「対立関係」。たとえば、「赤」を印象づけようとして、「赤」「赤」「赤」とくり返すのが「イコールの関係」だったよね。それに対して、「対立関係」は「白地に赤」といった具合なんだ。

そうか。確かに白を背景にした方が、赤が引き立つものね。

代表的なものは、**対比**。日本について論じたかったら、西洋と比べてみたり、現代について論じたければ、過去と比べてみたりする。特に**文化論や近代化の話のときなどは、対比に注意**。

先生、「対立関係」は、他にどんなのがあるのですか?

「対比」がほとんどだけど、あとは**「譲歩」**。

あっ、もう登場したわ。

うん。**反対意見を持ち出しては、一歩譲った（譲歩）後、それをひっくり返す論理パターン。反対意見はカッコにくくっておけば、筆者の主張をつかみやすい**し、後から問題文中の根拠を探すときに便利だよ。

はい。便利でした。

最後はめったに出ないけれど、知っておけば便利な**弁証法**。

弁証法って、なんだか難しそう。

ヘーゲルの弁証法哲学とか難しいものがあるからそんなイメージだけど、弁証法哲学の内容が難しいだけで、弁証法自体は論理の組み立て方のことだから簡単なんだ。

安心。

今、二つの対立する命題があるとする。たとえば、「男」と「女」。それぞれに一長一短がある。どちらか一方を選ぶのが**二者択一論**。単に二つを混ぜ合わせると、**平均化**で欠点もなくなる代わりに長所もなくなる。そこで、お互いを**もっと高い地点で統合しよう**とするのが弁証法で、**止揚**

とかアウフヘーベンとも言うので、こういった用語は覚えておかなければならない。

先生、もっと高い地点って?

たとえば、お互いの長所を生かし、お互いの欠点を補うことができたなら、一番理想的だろ?

はい。そういった夫婦にあこがれます。

それが弁証法だよ。

対立関係

① 対比――――対立するものと比較する

② 譲歩と逆接――反対意見を持ち出して、逆接の後それを否定する

③ 弁証法―――対立命題を高い地点で統一

論理パターン３「因果関係と理由付け」

■理由を問う設問の根拠■

論理パターンは**「イコールの関係」「対立関係」「因果関係」**のたった三つを使いこなせるようになればいい。いよいよ三つ目の**「因果関係と理由付け」**だ。

三つだけを頭に入れておけばいいんだから、気が楽だわ。猫の私でもなんとかなりそう。

では、いくよ。まず文と文との関係でも、「因果関係と理由付け」があるんだ。

私は一生懸命勉強した。だから、成績が上がった。

このときの**「だから」**は**順接の一種**で、**論理語としては因果関係**を表している。「一生懸命勉強した」が原因で、その結果、「成績が上がった」わけだね。あるいは、「成績が上がった」理由が、「一生懸命勉強した」からだとも言える。

A（理由）→だから B

という論理パターンで、このとき、**理由はA**なんだ。それに対して、

私は成績が上がった。なぜなら、一生懸命勉強したからだ。

という場合は、「成績が上がった」理由が「一生懸命勉強した」からで、このときの**「なぜなら」は理由を表す接続語**。

A→なぜなら B（理由）

この二つの論理パターンの違いはわかる？

はい。**因果の「だから」は、その前に理由が来る**けれど、**「なぜなら」はその後に理由が来ます**。

正解。実は読解問題で、「理由を説明せよ」といった設問が多いのだけれど、その場合「だから」「なぜなら」があれば、すぐに答えを見つけることができる。こうした**論理語は問題を解くときの根拠となる**から大切なんだよ。

あっ、そうか。でも、「なぜなら」が理由だというのはわかりやすいけれど、今まで「だから」の前に理由が来るって、知らなかったわ。これは使えそう。

今は、文と文との関係だけど、まとまった文章においても、因果関係や理由付けがよく登場するんだ。「筆者の主張A」が述べられた後、次にそれを前提に「だからBである」という結論を導く論理パターンだ。

これが**「A→（だから）B」**で、この場合は**最終結論（主旨）はB**となる。

あるいは、「筆者の主張」に対して、あとでその理由を付ける。

先生、これも理由を説明する問題なんかで便利でしょ？

うん。論理的な根拠になるから、確実に得点できるんだ。

■自然言語と人工言語■

さぁ、いよいよ三番目の原則、「**文脈力**」だ。

大原則 3

文章中の言葉は、文脈（前後のつながり）から一つの意味に決められる。

様々な意味に揺れ動く言葉も、文章の中に入った瞬間、前の文に引っ張られ、後ろの文に引っ張られて、たった一つの意味しか持たなくなる。

待ってました。ところで、先生、**文脈**ってなんですか？　なんとなくわかるんですけど、いざ説明せよと言われても困っちゃう。

そうだね。まず**私たちが使っている言葉は、たえず意味が揺れ動いている**のはわかるかな？　言葉でも使い手の感覚やそのときの状況によって様々な意味に変化する、それが生きた言葉であって、辞書に載っている意味はその代表的なものに過ぎない。

わかる、わかる。

たとえば、「さくら」という言葉だって、一般的には桜の花を指すけれど、桜の樹を指す場合もあるし、舞台で「今日は客が少ないからさくらを使おう」って言うときの「さくら」は、また違った意味になる。筆者は筆者の感覚で言葉を使い、読者は読者の感覚でその言葉を受け取るから、そこに微妙なズレが生じる。

やっぱり、現代文は曖昧な教科なんだわ。

それはちょっと違うな。言葉が様々な意味に揺れ動くのはなにも現代文に限ってではなく、英語でも古文でも同じだから、現代文だけが曖昧なわけじゃない。ミシェル、**自然言語**って、わかる？

自然に生まれた言葉のことかしら？

うん。日本語も英語も自然発生的に生まれたものなので、自然言語と言うんだ。その**自然言語は一つの言葉が様々な意味に揺れ動く**、非常に曖昧な言葉なんだが、逆に、それだからこそ私たちは有限な言葉であらゆるものを表現できる。

そうか。もし、自然言語が一つの決まった意味しか持たなかったなら、表現したいことの数だけ言葉を持たなければならないから、頭がパンクしちゃう。自然言語の曖昧さに感謝しなくちゃ。

その通りだね。**自然言語が曖昧だから、私たちは少ない言葉でなんでも表現することが可能になった。**そして、現代文も英語も古文もすべて自然言語の教科なんだ。でも、曖昧な言葉では成り立たない分野がある。その代表的なものが数学。

1＋1＝2の「＋」や「＝」が、使う人の感覚やそのときの状況で様々な意味に変わったなら、困ってしまうもの。

自然言語は自然発生的に生まれた言葉だけれど、**人工言語はその後で人間が作り出した言葉で、その代表が数字や記号。**ミシェル、他に人工言語の例を挙げてごらん。

ええっ！　他にもあるの？

■ 専門用語も人工言語 ■

現代の人工言語で代表的なもの。それが**コンピュータ言語**なんだ。

そうか。確かに言葉が様々な意味に揺れ動いたなら、コンピュータは動かないものね。先生、他にはないの？

あるよ。**専門用語。** 物理学や法律用語、経済用語など。ミシェル、弁理士の文章って、読んだことある？

え〜と、特許とか取る仕事の人でしょ？

うん、あの文章、僕でも読んだら頭がクラクラする。

先生でも読めないほど難しい文章なの？

ううん、そうじゃないんだ。要は、専門用語で書かれているから、専門家でない僕には読みにくいだけで、逆に、弁理士の人にとってみれば、誤解の余地が少ないわかりやすい文章なんだよ。

確かに。曖昧さを排除した専門用語で書かれているものね。

このことは大学に入ったら思い出してほしいんだが、**専門家というのはなにも能力が高い人ではなく、専門用語を使いこなせる人のこと**なんだ。だから、大学に入ったら、まずは専門用語を一つ一つ丁寧に習得してほしい。そうしなければ、四年間が何も身につけることなく過ぎてしまうことになる。

私も気をつけなくちゃ。

法律家は法律用語で書かれた文章が理解でき、法律用語を使ってものを考え、法律用語で文章を書ける人のことなんだ。

なるほど。人工言語のこと、少し理解できました。でも、現代文は自然言語で書かれているから、やっぱり曖昧な教科なんだ。

ところが、そうではない。

えっ、どうして？

■揺れ動く球の両端を糸で引っ張ったら■

言葉が揺れ動くのは宙に浮いているときのこと。ところが、その**言葉は文章中ではたった一つの意味しか持たない**。もし、言葉が読み手によって様々な解釈が許されるのなら、英語や古文で「傍線部を訳せ」といった設問自体が成り立たないだろ?

言われてみれば、その通りだわ。正解が人によってみんな違っていれば、試験なんてできないもの。

たとえば、上下に振動する球を両端から糸で引っ張ったなら、球はどうなる?

はい。球は止まります。

それと同じで、上下に揺れ動く言葉でも、文章の中で使われている限り、前の文章とつながり、後ろの文章ともつながって、そこでは一つの意味しか持ち得ない。

なるほど。両端から糸で引っ張られたわけだわ。

その**両端から引っ張っている糸が文脈**というわけだ。特に**太い糸が指示語と接続語といった論理語**なんだ。指示語、接続語についてはあとで述べるとして、とにかく文脈を意識して問題を解くと、曖昧だと思われていた現代文は一転数学と同じ論理の教科となる。

だから、文脈力が大切なのね。でも、先生、一つ質問があります。一つ一つの言葉をいちいち文脈で捉えていたなら、長い問題文を読む時間がなくなってしまいそうです。

文章を読むときは、特に文脈を意識する必要はない。**論理を意識して、文章の要点を読み取ったらいい**んだ。

■文脈力という武器■

それなら、どこで「文脈力」を使ったらいいのですか?

うん、**設問を解くとき**だ。特に**傍線部や空所の前後は必ずチェック**。そのときに、**指示語や接続語があれば、それは文法的根拠**となる。

よかった。設問を解くときだけなら、それほど時間はかからないかも。

設問を解くときに文脈をチェックするということは、**文脈力は得点力に直結する**ということ。だから、短期間で成績を上げようと思うなら、設問を解くときに、まず徹底的に文脈を意識すること。

やった。いいことを教えてもらっちゃった。

ミシェル、それ以外にも文脈力は役に立つんだ。

えっ、先生、どんなときなんですか?

うん、たとえば、**未知の英単語が出たとき、その前後の文脈からその意味を推測することができる**。実際、どんなにたくさん英単語を覚えたところで、必ずと言っていいほど知らない単語が出てくるものなんだ。そんなときは文脈力が威力を発揮する。

それ、便利。

古語は言葉の歴史だから、一つの古語には複数の意味があることが多い。でも、文章中の言葉は一つの意味しか持たないから、文脈力がなければいくら古語を暗記してもダメだ。マークセンス方式の問題では、たとえ答えがわからなくても文脈上おかしい選択肢を消去できる。だから**文脈力は得点力をアップさせるための最強の武器**なんだよ。

美貌と、才智と、文脈力。ふふふ、私の武器がまた一つ増えたわ。

そういえば、第1章の問題、指示語・接続語が大活躍だったわね。

うん。文脈力がいかに大切かが実感できたと思う。

はい。文脈、特に**指示語、接続語は万能の武器**です。

では、論理を追いながら、文脈にも注意して、次の問題を解いていこうか。

02 『大人は誰もが昔は子どもだった』 近藤浩章

（別冊問題集12ページ）

★論理的読解法

■ A′→Aの論理パターン ■

A′ 引用

「大人は誰もが皆、昔は子どもだったこと」これは、フランスの小説家、サン＝テグジュペリが書いた不朽の名作『星の王子さま』の、ひとつのテーマでもあります。

引用文についての具体的説明

サン＝テグジュペリの没後、六十年が過ぎた三年前から、版権の開放を待ち構えていたかのように、次々と新しい出版物が刊行され始めました。

僕もこの日を待ち構えていたひとりで、大学卒業後から、ライフワークのように長い歳月をかけて継続してきた翻訳を、いつの日か自分なりにまとめてみたいと思って来ました。

そして、僕が音楽家としてやり続けている、朗読と生《なま》楽器演奏を融合したエンターテインメント『音楽朗読劇』のステージで、この『星の王子さま』を「朗読と音楽」で表現してみようと考えていたのです。

古くからこの本を自らのバイブルとしていた人も、タイトルこそ知ってはいたものの内容はあまり知らなかった人も、昔読んだことはあるけれど、その奥深さと意外なまでの難解さに、一度は本を閉じて本棚に置いてしまっていた人も、最近書店で初めて知った人も、本ではなくて他のメディアを通じて知っていた人も……、そのあらゆる人々が『星の王子さま』を今手にした時、この作品が僕たちに語りかけてくれる言葉、それらのひとつひとつは、過去という時代がいつしかどこかに、A 何か大切なものを忘れてきてしまったことを、教えてくれていると感じずには居られないはずです。

この作品には、沢山のメッセージが至る所に秘められていて、それは時代を超え、国を超えて、我々人類に強く語りかけてくれています。

A′ 引用

「大事なものは、決して目に見えない」

「心で見なけりゃ真実は見えない」

「愛するということは責任をもつということ」

「飼い慣らすということは、時間をかけて絆《きずな》をつくってゆくということ、そしてお互いが 1 かけがえのない、世界でただひとつの間柄となってゆくこと」

「大人は誰もが皆、昔は子どもだった」

先生、今回はどうして最初からずいぶん長く読んだのですか?

冒頭、Aから始まるのか、A′から始まるのかを意識するのだったね。

はい。サン＝テグジュペリ『星の王子さま』の話から始まったのだから、**引用A′**です。

だから、**筆者の主張Aが来るまで一息に読もうとした**んだ。**A′→Aの論理パターン**だよ。

先生、『星の王子さま』、結構いいこと言ってるわ。「大人は誰もが皆、昔は子どもだった」って、確かにそうね。先生でもやっぱりかわいらしい子ども時代ってあったの?

当たり前だよ。でも、星の王子さまは「何か大切なものを忘れてきてしまったことを、教えてくれている」とも言っている。誰もが子どもだったけれども、そのことを忘れてしまっているんだ。たぶん**大人になるにつれて、子ども時代の大切な何かを忘れてしまって**、みんな現実社会の中であくせく生きているのじゃないかな。

先生、「大事なものは、決して目に見えない」も素敵。だから、「心で見なけりゃ真実は見えない」のね。人間って、なんでも目で見ようとするから、本当に大切なこと、本当に美しいことが見えないのよ。まあ、私は身も心も美しいけれど。

目に見える物はお金で買えるし、その価値がわかりやすいからね。でも、本当に価値のある物はお金では買えないんだよ。

先生、この言葉も好き。「愛するということは責任をもつということ」。飼い主は猫を絶対に捨てないで。もっと責任を持たないと。

確かにそうだね。

「飼い慣らすということは、時間をかけて絆をつくってゆくということ」。これもいい言葉ね。だって、私が初めて飼われてきたとき、部屋の隅っこでずっと震えていたもの。信頼関係って、長い時間をかけて築いていくものなのよ。最初は距離を置いてじっと観察していたわ。この人は本当に信頼できる人なのか、私を大切にしてくれるかって、心の目で観察していたの。

とにかく**一般化したところまでは一息に読む。**文章を平均的スピードで読んではいけないよ。**早く読むところと、立ち止まって線を引くところ、**論理を意識すると、そういった読み方ができてくるんだ。

要は、頭を使って読めということね。

読解の公式

◆A′から始まった文章は、Aを探して一息に読め。

■命を粗末にする時代■

A 筆者の主張

『命』が『[A]』のように粗末で希薄な存在になってしまった時代に生きる僕たちは、人間の何を信じて何を疑って生きてゆけばいいのでしょうか。

親が子を、子が親を、夫が妻を、妻が夫を、教師が生徒を、生徒が教師を、恋人が恋人を、親友が親友を、他人が他人を、いとも容易く、いとも安易に、尊い命や人格を奪ってしまう時代。「かけがえのなさ」のかけらもそこにはなく、「生命への感謝や慈しみ」もそこにはありません。人は決して一人では生きられない、ということを忘れてしまって「B」の存在よりも「C」のことだけを優先してしまう風潮は、いつ頃からでしょうか？

A　筆者の主張

さて、ようやく**筆者の主張**が登場したね。**現代評論**は、あくまでこの**現代について論じた文章**なんだ。では、この**現代はどんな時代か**というと、**「命が粗末な存在になってしまった時代」**だと言える。

命はかけがえのないもの。一度失ったなら、もう取り戻すことはできないし、他と取り替えることもできない。それなのに、現代は「生命への感謝や慈しみ」もないと、筆者は指摘している。ミシェル、もう一つ、大切なことが書いてあるね。

はい。「人は決して一人では生きられない」です。

そうだね。**命はかけがえのないもの**だし、**人間は一人では生きられない**。それなのに、**現代はその命を粗末にし、生命への感謝や慈しみを忘れてしまった、が筆者の主張**なんだ。そして、『星の王子さま』は私たちにそのことを教えてくれる。

だから、A′（星の王子さま）→A（筆者の主張）なのね。

現代評論や随想は、現代をある角度から語ったもの。

■自己を認識すること■

僕が子どもの頃、学生時代、そして社会に出たての頃、そこにはいつも競争はあったし、戦いもありました。

逆接

しかしその戦いは、［D］を知るための戦いであって、［E］を押しのけたり蹴落としたりする戦いでは決してなかったと思います。［F］が何たるかを知ることこそが［G］との関わりの第一歩であり、始まりだと思うのです。

A

【元気な人間が悩んでいる人間を労《いた》わり、健康な人間が病んでいる人間を思いやる、健常な人間が障害のある人間をリカバリングし、お金持ちが貧しい人間を援助する】、そしてその関係はいつ逆転するのかも知れないというのが人間の人生であり、生きてゆくということなのだと思います。

A自分を知ること、そしてその[2]唯一無二の自分自身を愛おしく思うことこそが、「他者」を思いやることへの始まりに違いありません。

現代は命を粗末にする時代。こうした時代に対して、筆者の主張はなんなのか？

筆者は今に限らず、昔からいつも競争はあったとしているね。

でも、その後空所がいっぱいで、何がなんだかわかりません。

空所はあとで解くとして、**逆接の「しかし」**があるね。

「**しかしその戦いは、[D]を知るための戦いであって、[E]を押しのけたり蹴落としたりする戦いでは決してなかったと思います。**」とあるから、筆者が**同じ競争社会でもかつての競争を肯定して、今の競争社会を否定している**ことがわかる。

そうか。空所がわからなくても、逆接「しかし」から内容は推測できるんだ。

次の「**元気な人間が〜を援助する**」までは、カッコでくくってしまおう。次の指示語「**その**」をチェック。カッコでくくった箇所は、**「その関係」の具体例**に過ぎないんだ。

人は一人では生きられない。しかも、今は人を助ける立場にあっても、いつそれが逆転して人に助けられる立場に陥るかわからない。それが人生であり、生きていくということなんだ。だから、**他者を思いやらなければならない**。

それなのに、現代は自分のことだけを優先してしまう時代なんだわ。

読解の公式

◆具体例・具体的説明は、カッコでくくってしまう。

■再び『星の王子さま』■

「子ども」だった誰もが、「大人」になって、「子ども」だったことを忘れてしまう、昔から「大人」だったかのように。

H

[3]『星の王子さま』がA僕たちに教えてくれることは、どれも当たり前のことなのですが、人生を生きてゆく中で、いつしか「大人」であるために必要なことばかりに気を取られてしまっ

て、本当に大事なことをつい見失ってしまう僕たちに、大きな警鐘を鳴らしてくれているのだと思います。

A僕が『星の王子さま』と出会ったこと、これは、僕が「昔、子どもだったこと」をいつまでも忘れないために、とても大切なことだったのです。

さあ、いよいよ最終結論だよ。

最初と最後に『星の王子さま』が登場。

僕たちが子どもの頃は心の目を持っていて、何が大切なのか知っていたと思うんだ。だが、大人になるにつれて、競争社会の中で生き残るために、他人を蹴落としていく、人の命を粗末に扱っていく。その結果、「いつしか『大人』であるために必要なことばかりに気を取られてしまって、本当に大事なことをつい見失ってしまう」のだ。

だから、「『子ども』だった誰もが、『大人』になって、『子ども』だったことを忘れてしまう、昔から『大人』だったかのように。」と、筆者は述べているのね。

そうした大切なことを、『星の王子さま』は気づかせてくれるんだ。最後のまとめが、「僕が『星の王子さま』と出会ったこと、これは、僕が『昔、子どもだったこと』をいつまでも忘れないために、とても大切なことだったのです。」。

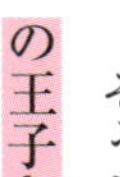

『星の王子さま』を読むと、**子どもの頃の大切なこと、大人になることで忘れてしまうことを思い出させてくれる**んだ。私も『星の王子さま』を読もうかな。

★文章全体の論理構想

A′
『星の王子様』
今という時代が忘れてしまった大切なことを思い出させてくれる。
人は一人では生きられない。だから、自分を愛おしく思い、他者を思いやらなければならない。

⇔

現代　自分のことだけを優先してしまう風潮。
命を粗末な存在にしてしまい、かけがえのなさ、生命への感謝や慈しみもない。

A
『星の王子様』は、大切なことを見失ってしまった私たちに、「昔、子どもだったこと」を思い出させてくれる。

★ 解法のプロセス

今回は**文脈力の訓練**だよ。**傍線部・空所の前後は必ずチェック**。その際、**指示語・接続語は要チェック**。

はい。文脈の大切さは身にしみております。

問一 傍線部**1**「お互いがかけがえのない、世界でただひとつの間柄」の例として論旨と合わないものを、次の**イ**～**ホ**の中から一つ選べ。

イ 親と子　**ロ** 大人と子ども　**ハ** 自分と他者
ニ 夫と妻　**ホ** 恋人と恋人

「論旨と合わないもの」とあることに注意。

あっ、いけない。

傍線部の前後をチェック。直前に「飼い慣らすということは、時間をかけて絆をつくってゆくということ」とあるね。つまり、「世界でただひとつの間柄」というのは、**お互い長い時間をかけて育む**ものなのだ。

イ「親と子」、**ニ**「夫と妻」、**ホ**「恋人と恋人」は、お互いかけがえのない関係と言えます。でも、**ロ**「大人と子ども」と**ハ**「自分と他者」とで迷ってしまいました。

■具体と抽象■

具体と抽象ってわかるかな？

なんとなく。

なんとなくではダメだ。**「抽象」とは個別のものの共通点を取り出す**こと。たとえば、A君、B君、C君と、同じ人間はこの世に一人もいない。それが具体。それに対して、「男」という言葉は、A君、B君、C君の共通点を抜き取ったもの。だから、「男」という言葉は抽象概念なんだ。

A′（具体）→A（一般）に似てるわ。

うん。基本的には**「イコールの関係」**だね。「男」と「女」を並べたとき**「対立関係」**が生まれる。**論理は「イコールの関係」「対立関係」「因果関係」といった基本的な規則にしたがって言葉を使うこと**なんだよ。

それって、最初はなんのことかわからなかったけれど、今なら納得できます。問題を解いていったら、**文章って、全部そういった日本語の規則で成り立っている**もの。

抽象というのは、相対的なものなんだ。たとえば、「A君」に対して、「男」は抽象的だけど、「人間」に対しては具体的。その「人間」という言葉も、「生物」という言葉に対しては具体的。

でも、先生、時々設問で「具体的なものを抜き出しなさい」ってあるけど、どうしたらいいの？

いい質問だな。何が具体的かは、他と比べないと判断できない。そういった条件があるときは、大抵該当箇所が複数あるんだ。それらを比べて**相対的に具体的な方が答え**。

う〜ん、現代文って、ちゃんと論理が使えないと高得点は難しそう。

逆に言うと、**現代文を学習することで、生涯の武器となる論理力を手にすることができる**んだ。人生の鍵は、まさにその論理力なんだよ。

はい。論理猫になれるようにがんばります。

話を問一に戻そう。**ロ**「大人と子ども」はどう?

あっ、そうか。「大人と子ども」は抽象概念。

その通り。すべての「大人と子ども」を指している言葉だから、「お互いかけがえのない関係」とは言えないね。それに対して、**ハ**の「自分」はこの世に一人だけ。その自分が他者に対して長い時間をかけて関係を築き上げればいいから、これは論旨に合っていて答えにはならない。

解法の公式

◆**選択肢を吟味するときも、具体と抽象を意識せよ。**

解答 問一 ロ

問二 空欄**A**に入る語として最も適当なものを、次の**イ**～**ホ**の中から選べ。

イ コトバ　**ロ** ミズ　**ハ** ココロ　**ニ** クウキ　**ホ** モノ

先生、**空所の前後をチェック**ですね。

うん。直後に「『A』のように粗末で希薄な存在」とあることに注意。**「～ように」は「イコールの関係を示す論理語。**「『命』が『A』のように粗末で希薄な存在」になるのだから、**A**には「命」の対義語が入る。

その後の29行目「『生命への感謝や慈しみ』もそこにはありません」からも考えました。

そうだね。ここは**「対立関係」**で解く問題。「命」の対義語を選択肢から探せば、**ホ**「モノ」しかない。

命がないものは、モノだものね。

解法の公式

◆空所の前後をチェックせよ。

解答

問二　ホ

問三　空欄**B**・**C**に入る語の組み合わせとして最も適当なものを、次の**イ**～**ヘ**の中から選べ。

イ　**B**　一人　　**C**　多数

ロ　**B**　多数　　**C**　一人

ハ　**B**　他者　　**C**　自分

ニ　**B**　自分　　**C**　他者

ホ　**B**　親　　**C**　子

ヘ　**B**　子　　**C**　親

また空所問題。**文脈の問題**ね。

まず空所を含む文章は、命をモノのように扱う現代の風潮に関してだ。そこで、空所前後をチェックすると、**C**の直後に「～だけを優先してしまう」とあるので、「自分」が入る。**自分のことだけを考えて、他人の命や人格を奪ってしまう時代**ということ。

直前に「人は決して一人では生きられない、ということを忘れてしまって」ともあります。

うん。「一人では生きられない」のに、それを忘れてしまって、自分のことばかり優先するってことだね。そこで、先に**C**に「自分」を入れると、**B**は選択肢から自動的に決まってしまうけれど、「**B**の存在よりも**C**のことだけ」とあるので、**「自分」と対立する「他者」**が答え。

解答　問三　ハ

問四　空欄**D**・**E**・**F**・**G**に入る語の組み合わせとして最も適当なものを、次の**イ**～**ホ**の中から選べ。

	イ	ロ	ハ	ニ	ホ
D	自分	他人	他人	自分	他人
E	他人	他人	自分	他人	他人
F	他人	自分	他人	自分	他人
G	自分	他人	自分	他人	自分

「自分」か「他人」かのどちらかを入れたらいいから、楽チンね。

油断しないで、しっかり論理と文脈をおさえていこう。

「僕が子どもの頃、学生時代、そして社会に出たての頃、そこにはいつも競争はあったし、戦いもありました。

しかしその戦いは、D を知るための戦いであって、E を押しのけたり蹴落としたりする戦いでは決してなかったと思います。F が何たるかを知ることこそが G との関わりの第一歩であり、始まりだと思うのです。」

一般的には競争は戦いだから、相手を押しのけるためだよね。ところが、Dの直前に**逆接の**「しかし」がある。

空所前後の接続語はチェックでしょ?

うん。前の流れをひっくり返すのだから、Eには「他人」が入るはず。他人を押しのけるための戦いではないとすることで、**逆接**の**「しかし」**が成立するんだ。このように**空所問題は前から順番に入れるのではなく、入りやすいものから決めていく**んだよ。

なるほど。ということは、Dには「自分」が入るんだ。

さらにその後の40行目に、「自分を知ること、そしてその唯一無二の自分自身を愛おしく思うことこそが、『他者』を思いやることへの始まりに違いありません。」とある。

本当だ。**「イコールの関係」**だわ。

筆者はまず自分を知ること、次に、その上で他者を思いやるべきだと言っている。だから、**昔の競争は、「自分を知るための戦い」であって、「他人を押しのけたり蹴落としたりする戦い」ではなかった**と主張しているんだ。

もうFとGもわかりました。Fは「自分」でGは「他人」が答え。「自分が何たるかを知ることこそが他人との関わりの第一歩」だもの。

空所問題って、文脈だけでなく、論理でも解けるんだ。

解法の公式

- ◆空所前後の接続語をチェックせよ。
- ◆空所問題は、論理力と文脈力で推測せよ。

解答

問四　ニ

問五　第五段落「古くから〜居れないはずです。」には、論旨に合わない漢字二字の熟語が一つある。それをどのような一字の語に訂正すればよいか、次の**イ**〜**ホ**の中から選べ。

イ　嘘　**ロ**　時　**ハ**　今　**ニ**　心　**ホ**　愛

わぁ〜、これって、どこから手をつけていいのかわかりません。

いきなり答えを探そうとするからだよ。一つ一つ手順を踏んでいくこと。問題文全体から一箇所探すのなら大変だけど、条件が付いているだろ?

あっ、いけない。**「第五段落」**ってあります。

範囲が決められているね。たかだか数行の文章だし、しかも**「漢字二字」**とある。

本当だ。第五段落で二字の漢字といえば限られています。しかも、「**一字の語**」に訂正できるから、ヒントがいっぱい。

選択肢もあるよ。**「論旨に合わない漢字」**を訂正するのだから、**各選択肢の対義語を本文から探せばいい**。

そうか。「**嘘**」なら「真実」、「**今**」なら「過去」、「**心**」なら「身体」、あとはよくわかりません。

ミシェル、第五段落で気持ち悪い文章って、なかった?

一文が長くて、よくわかりませんでした。

では、この文の構造を整理してみよう。

この作品が僕たちに語りかけてくれる言葉、それらのひとつひとつは、
過去という時代がいつしかどこかに、何か大切なものを忘れてきてしまっ
たことを、教えてくれていると（私は）感じずには居られない

全体の述語は「感じずには居られない」で、主語は「私は」で省略されている。では、何を感じずにはいられないの？

え〜と、「教えてくれている」ことです。

では、「教えてくれている」の主語は？

「**この作品が僕たちに語りかけてくれる言葉、それらのひとつひとつは**」です。わぁ〜長い。

「**この作品**」とは『**星の王子さま**』。簡単に言うと、「『星の王子さま』という作品の言葉ひとつひとつが〜を教えてくれている」ということを、（私は）感じずにはいられない、といった文だとわかるね。

そうか。**「主語と述語の関係」**をつかまえればいいのね。

では、この作品の言葉が何を私たちに教えてくれているの？

「**過去という時代がいつしかどこかに、何か大切なものを忘れてきてしまった**」です。

この文にも主語と述語があるね。

「**過去という時代が**」が主語で「**忘れてきてしまった**」が述語です。

大切なものを忘れてしまったのは、「**過去という時代**」？

そうか。**大切なものを忘れてしまったのは、「今という時代」**なんだ。

答えが出たね。「過去」は漢字二字。「今」は一字の語で条件を満たしている。

なるほど、難しいと思ったら、焦らずに、一つ一つ手順を踏んでいけばいいんだ。

それとこの問題は、複雑な一文があったので設問にしたんだよ。こういった場合、**まず一文の要点となる「主語と述語の関係」をつかまえる**こと。

それ、役に立ちそうですね。

解法の公式

◆選択肢を吟味するときは、対義語に着目せよ。
◆複雑な文は、「主語と述語の関係」をつかまえる。

解答

問五　ハ

問六 傍線部**2**「唯一無二の自分自身を愛おしく思うことこそが、『他者』を思いやることへの始まり」と、なぜ筆者が言えるのか、最も適当な理由を、次の**イ**〜**ホ**の中から選べ。

イ ×一人でも生きられる自分を知れば、「他者」へのナシ同情心も起こるから。

ロ ○自分が人とは違う人間だとわかれば、○「他者」も同じだと気付くから。

ハ ナシ自分の「命」を犠牲にしても、「他者」に奉仕する気持ちになるから。

ニ ×人より自分が優れていると思えば、「他者」をも助けようとするから。

ホ ナシ子どもだった自分が好きなら、「他者」が大人になっても愛せるから。

ミシェル、自分のことって、大切？

はい、大切です。

自分を愛おしく思う？

もちろんです。こんな才色兼備の猫なんて、他にいないもの。

自分が愛おしいならば、他人も同じなんだよ。誰もが自分のことを愛おしいと思っているし、誰もがミシェルと同じように泣いたり笑ったりして、懸命に生きているんだよ。

そうか、だから、**自分自身を愛おしく思えば、他者を思いやることができる**んだ。

そして、**「自分自身」は他に取り替えようがない、唯一無二のかけがえのない存在**なんだ。

納得。

選択肢は紛らわしいものがないから、簡単だね。

はい。

イは「自分自身を愛おしく思う」ことと、「一人でも生きられる自分を知」ることとは違います。それに「同情心」とも書いてありません。

ロは「自分が人とは違う人間だ」が「唯一無二の自分自身」のことだから、○。他者も自分と同じように唯一無二だから、「『他者』も同じだと気付くから」も、○。

ハ「自分の『命』を犠牲にしても」なんて書いてないから×。「『他者』に奉仕する」も書いてありません。

ニ「人より自分が優れている」が、間違い。
ホ「子どもだった自分が好き」も書いてないから、×。ほら、簡単。

解法の公式

◆本文に書いていないことは、すべて×。

解答　問六　ロ

問七　空欄**H**には、次の甲〜丁の文を並べ替えた文章が入る。正しい順番を、次の**イ**〜**ヘ**の中から選べ。

甲　でも（逆接）、確かなことは「大人は誰もが皆、昔は子どもだったこと」なのです。

乙　そして（順接）その（指示語）「大人」は、自分が「子ども」だったことを知らぬ間に忘れてしまうのです。

丙　だから（因果）「大人」は、いつでも「子ども」に戻ることができるし、「子ども」の気持ちになることができるのです。

丁「子ども」の誰もが必ず、「大人」になってゆく、いつのまにか必ず。

イ 乙・甲・丙・丁　**ロ** 丁・甲・乙・丙　**ハ** 甲・丁・乙・丙

ニ 丁・乙・甲・丙　**ホ** 甲・乙・丙・丁　**ヘ** 乙・丁・丙・甲

先生、また**整序問題**。でも、今度はばっちりよ。**指示語、接続語に着目**でしょ。

うん。では、指示語、接続語をチェックしてごらん。

はい。結構たくさんあるわ。

空所の直前は、

「『子ども』だった誰もが、『大人』になって、『子ども』だったことを忘れてしまう、昔から『大人』だったかのように。」

あれ、でも、どれが最初か、よくわからない。

なにも最初の文から決める必要なんかないんだ。接続語に着目すればいいのだけれど、いいことを教えよう。**一番確実な根拠になるのは、逆接**だよ。

あっ、逆接は前の流れをひっくり返すから、論理的に解けるんだ。甲の**「でも」が逆接**。だとすると、乙「**そしてその『大人』は、自分が『子ども』だったことを知らぬ間に忘れてしまうのです。**」↓甲「**でも、確かなことは『大人は誰もが皆、昔は子どもだったこと』なのです。**」がつながっている。

各選択肢で、乙↓甲の順番のものは？

イ「**乙・甲・丙・丁**」と、**ニ**「**丁・乙・甲・丙**」だけです。

もし、**イ**が答えだと、乙の**接続語の「そして」**や**指示語の「その」**は空所の前とうまくつながる？

前の文は、「**『子ども』だったことを忘れてしまう、昔から『大人』だったかのように**」だから、乙「**自分が『子ども』だったことを知らぬ間に忘れてしまう**」とは順接ではつながりません。

ほら、答えが出た。

本当だ。**ニ**しか残らない。なんだか魔法にかかったみたい。

では、**本当に合っているか確認してみよう。**

はい。**ニ**が答えならば、「**丁・乙・甲・丙**」の順番。丁「**『子ども』の誰もが必ず、『大人』になってゆく、いつのまにか必ず。**」を受けて、乙の順接「**そして**」はつながるし、「**その**」も丁の「**大人**」を指しているから、大丈夫です。乙→甲は逆接でつながっていました。
あとは、丙の因果「**だから**」。

甲の「**昔は子どもだった**」を受けて、「**だから、『大人』は、いつでも『子ども』に戻ることができる**」は因果関係でつながっているね。

解法の公式

◆**整序問題は指示語、接続語に着目せよ。**

解法の公式

◆論理的な根拠を発見して、そこから考えよ。

解答 問七　ニ

問八　傍線部**3**「『星の王子さま』が僕たちに教えてくれること」と、筆者が考えていることとは何か、適当ではないものを、次の**イ**～**ホ**の中から一つ選べ。

イ　現代社会が人間の命の大切さを忘れていること。

ロ　大人が子どものような心を持たなくなったこと。

ハ　他人を知れば、自分も愛おしいと思えること。

ニ　人間は一人では決して生きられないということ。

ホ　人間関係は可変的で、それが人生だということ。

先生、「**適当ではないもの**」を選ぶのでしょ？

あっ、先を越された。

もう、先生が言いそうなこと、予想がつくもの。私に論理力が身についたのか、先生の説明がワンパターンなのか、どっちかな？

これも簡単だ。**イ**は28行目に「尊い命や人格を奪ってしまう時代」とあるし、**ロ**も42行目に「『子ども』だった誰もが、『大人』になって、『子ども』だったことを忘れてしまう」とある。**ニ**も29行目に「人は決して一人では生きられない」とあるし、**ホ**は38行目の「その関係はいつ逆転するのかも知れない」とあるね。

ハは反対だわ。**自分を愛おしく思うからこそ、他人を思いやることができる**のに、「他人を知れば、自分も愛おしいと思える」とあるもの。

解答　問八　ハ

■解答■

問一　ロ
問二　ホ
問三　ハ
問四　ニ
問五　ハ
問六　ロ
問七　ニ
問八　ハ

DATE　　・　・

IDEA

出口のストック

現代は物質中心の、弱肉強食の競争社会である。物質は目に見えるものだし、お金に換算することができる。すべての価値は数字に計量化することができるのだ。いくら利益を上げたのか、どれだけ資産をため込んだのか、どれだけ高い偏差値を獲得したのか、と。

だからこそ、人は他人と過酷な競争をし続けなければならない。

それに対して、心は目に見えないものである。本当に大切なものは、心の目で見なければならない。『星の王子さま』の言葉の一つ一つは、現代人である私たちが見失ってしまった大切なものを、思い出させてくれるのだ。

語彙力増強一口メモ

★「対義語」は、選択肢を吟味するときも大切！

開放	⟷	閉鎖	真実	⟷	虚偽
命	⟷	モノ	自己	⟷	他者
今（現在）	⟷	過去			

ストックノート No. 02　テーマ　現代社会

〔題名〕大人は誰もが昔は子どもだった　〔筆者〕近藤浩章

要約

サン＝テグジュペリの『星の王子さま』、今という時代が忘れてしまった大切なことを教えてくれる。

命がモノのように粗末な存在になってしまった時代に生きる僕たちは、何を信じて生きていけばいいのか。いとも容易く、いとも安易に、尊い命や人格を奪っていく時代、「かけがえのなさ」のかけらも、「生命への感謝や慈しみ」もそこにはない。まさに自分のことだけを優先してしまう風潮である。

いつでも競争はあったが、それは自分を知るための戦いだった。人は一人では生きていけない。だから、まず自分を知ること。唯一無二の自分自身を愛おしく思うことこそが、他者への思いやりの始まりである。

『星の王子さま』が僕たちに教えてくれることは当たり前のことばかりだが、大人になって大事なことを見失ってしまう僕たちに、大きな警鐘を鳴らしてくれる。

キーワード

不朽《ふきゅう》	なくならずに後世に残ること
バイブル	聖書、よりどころとするもの
粗末	おろそかに扱うこと
慈《いつく》しみ	愛し大切にすること
風潮	時代とともに変わる世間一般の傾向
警鐘《けいしょう》	警告を発すること

小説読解法・小説が解けない理由

■小説はセンス・感覚か？■

先生、私、悩みがあるの。

おや、ミシェル、どうしたの？

塾で、「小説問題を解くときは、登場人物の気持ちになって考えてごらん」って習ったけど、人間と猫とではものの捉え方や感じ方が違っているから、いつも間違ってしまう。

ははは、確かにそうだね。でも、なにもミシェルが猫だからってわけではなく、人間だって一人ひとり価値観や感性が異なっているから、**登場人物の気持ちになって考えたところで、それぞれ違う答えを出してしまう**ことになるんだ。

やっぱり。評論問題なら、先生の言う通り論理で解けると思うのだけど、小説って、文学でしょ？　文学って、結局才能じゃないかしら？

そこには大きな思い違いがあるんだよ。現代文で問われているのは、「大原則1」で説明したように、**いかに問題文を正確に読み取るか**ということなんだ。作品を正確に、深く読み取ることで、初めて感動が生まれてくる。自分勝手な読み方をして、誤読の上にもたらされた感動なんて、なんの価値もない。だから、**試験では問題文を正確に読み取ったかどうかを試してくる**。

確かに人の感動なんて、みんな違うもの。でも、そんなこと、現代文では聞いていないのね。

それなのに、みんな**「どう書いてあるか」**ではなく、**「どう思ったか」**に**すり替えて答えてしまう**から、合ったり間違ったりのくり返しで、その結果、すべてをセンス・感覚のせいにする。

そうか。確かに私も無意識のうちに「どう思ったか」を答えてしまっているわ。

正確に、深く読み取ることで、感動が生まれてくる。でも、その感動や作品に対する評価はまた別の話で、それは現代文の試験では聞いてはいないんだよ。

結局、評論でも小説でも、問題文を正確に読み取れば大丈夫なのね。安心、安心。

でも、小説を客観的に読むためには、自分の主観をいったんは捨てなければならない。大切なのは**文章に内在する論理にしたがって読んでいく**こと。自分を捨てるのだから、人間であろうが猫であろうが関係ない。

だから、猫でも解けるってわけね。

■小説と小説問題■

ミシェル、現代文は「所詮日本語だからなんとかなる」ではなんともならない文章が出題されるって言ったよね。

はい、覚えています。評論は日常私たちがあまり使わない言葉や文体、そしてテーマ、しかもそれを論理的に説明したものだから、一定のトレーニングをしなければ解けるようにならないって。

よく覚えていたね。実は**小説問題も同じで、「所詮日本語だから」ではなんともならない**んだ。

え～、どうしてですか？　だって、評論用語や文体を使っているわけではないし、小説って読みやすくて面白いのに。

それは**小説と小説問題との違い**がわかっていないからだよ。

えっ、小説って、「こころ」とか「晩年」とか、文学作品のことよね。あっ、わかった。入試問題はその小説の一部なんだ。

そうだよ。**問題は長い小説の一場面を切り取って作られる**んだ。

なるほど。でも、小説を読むことにおいては同じでしょ？

それが違うんだ。小説を読むときは普通は一ページ目から読むよね。

終わりのページから順番にさかのぼって読む人はきっといないと思うわ。

うん、読み進めるにしたがって、次第に様々な情報が与えられるから、読者は小説の舞台がいつの時代で、主人公がどんな人物で、今どんな状況に置かれているのかがわかってくる。だから、次の場面が理解できる。

そうか！　でも、小説問題は長い小説の途中だから、そうはいかないんだ。それまでの場面を読んでいたなら理解できることでも、いきなり途中から始まったら読み取ることが難しくなるわけね。

受験生は**小説の舞台がいつの時代で、主人公がどんな人物か、一切情報が与えられていないから、普通の小説を読むように読んだら、いくらでも好き勝手な解釈が可能になる**。だから、論理的に読んだら正しい意味がわかるのに、間違った選択肢を平気で選んでしまう。

先生、私が今まで小説問題が苦手だった原因がわかりました。私が猫であるからではなく、普通の小説を読むように読んでいたからなんだ。ああ、今、私の頭がコペルニクス的な回

転をしています。

でも、それじゃあ、小説問題はどう読んだらいいのかしら？

分析的な読み方をするんだ。問題である限り、必ず文中に根拠がある。だから、**主観を排除して、あくまで文中の根拠から分析していく**。それは論理的な読解と言ってもいい。そして、それには**一定の方法と訓練とが必要**になる。

先生、教えてください。私は知的な論理猫になりたいのです。そのためには、その分析的な読み方もぜひ習得したいの。

では、「小説読解法」の講義、始めるよ。

小説読解法・心情把握の方法

小説問題では、主に**登場人物の心情が問われる**ことになるんだ。

問題文から、**心情が表れている根拠を探せばいい**のだから、楽チンよ。

本来はそうなんだけど、結構みんな間違ってしまうんだ。

そういえば、私も小説問題になると、自信を持って選んだ答えが×にされることがある。先生、どうしてなの？

前に説明したけれど、覚えているかな？　小説問題は長い小説の一場面を切り取ったものだから、君たちはその小説がいつの時代で、登場人物がどんな人なのか、何もわからずに読んでいかなければならない。だから、いくらでも勝手に想像できてしまうんだ。

だから、無意識に自分の主観を入れてしまうのね。

うん、しかも、本人は自分が主観を通して読んでいることに無自覚だから、始末が悪い。なかなかその読み方を変えようとしないんだ。だから、僕の講義を通して、**自分がいかに無意識のうちに主観を入れて読んでいるのか、そのことの発見が第一歩**なんだよ。

反省しなきゃ、ね。

■小説の描写■

評論と小説との違いの一つに、表現の仕方があるんだ。評論なら、「筆者の主張」を論理的に説明しなければならない。

論証責任ね。

うん、でも、**小説の場合は論理的に説明するわけではなく、描写をする**ことになる。たとえば、主人公の心情が「悲しみ」だとすると、評論ならば、その「悲しみ」の具体例や引用、対立関係を持ち出したりするけれど、そんな小説はめったにお目にかかれない。

確かに、「夏目漱石も『彼女が悲しんでいた』と指摘している」、なんて引用する小説はないものね。

「悲しい」と一言も書かないで、それでも読者に登場人物の「悲しみ」を伝えるのが、小説の描写なんだ。

そうか。でも、どうやるの？

■小説の描写・動作とセリフ■

主に三つの方法がある。一つは「動作」。たとえば、主人公が愛する人が死んだという知らせを聞いたとする。そのとき、主人公が延々と自分の悲しみを説明しだすようなものは、テレビドラマでもそうはないはずだね。突然、手にしていたコーヒーカップをガチャンと落とすとか、その場で卒倒するとか、そういった**動作によって主人公の心情を表現する**。これが小説の描写だよ。

そういえば、そういったドラマ、よくあるわね。

もう一つが「セリフ」。これは一見簡単に思えるが、注意をしなければ、主人公が自分の気持ちと裏腹なことを言う場合がある。たとえば、愛する人が死んで胸がかきむしられるような悲しみに襲われながらも、精一杯平静さを装って、「なんでもないわ」と言ってみたり、場合によっては「うん、いい気味よ」と憎まれ口を叩くことだってないわけではない。

そうよね。私だって、心で思っていることと違うことを言うときがあるもの。先生、女の子のセリフには気をつけなくちゃ。人の心って、そう簡単には読めないものなのだから。

はい、たいへん参考になりました。でも、ここに大きな問題があるんだ。評論のように説明されていないから、君たちは**いったん自分に置き換え、自分の気持ちから主人公の気持ちを無意識に推測してしまう**。たとえば、登場人物の動作やセリフから、「自分だったら悲しいから、彼女もさぞ悲しいに違いない」というようにね。それを**感情移入**と言うんだ。

でも、ドラマを見ていても、感情移入できなかったなら、ちっとも面白くないわ。

そうだね。感情移入するから、登場人物と一緒になってハラハラドキドキする、それが小説やドラマなどの面白さだけれど、試験問題を解くときは、感情移入は厳禁。それが主観的な読み方であって、それをやる限りはいくら問題練習を積んだところで、合ったり間違ったりと、まさに運次第。

私、感情移入しやすいから、気をつけないと。

うん、だから、**問題文中から登場人物の心情を表す動作やセリフをチェックし、感情移入をしないで、客観的に心情を分析しなければならない**んだ。試験問題はそうした客観的な読解力、論理力を試している。

読解の公式

◆登場人物の心情を客観的に把握せよ。

◆心情を表す動作・セリフをチェックせよ。

■小説の描写・風景描写■

小説の描写で、もう一つ大切なことがあるんだ。それが**「風景描写」**。ミシェル、なぜ小説に風景描写があると思う?

それ、私の長年の疑問。さっさと話が進めばいいのにって、イライラしちゃう。実は長い風景描写は読み飛ばすことにしています。

ははは、ミシェルらしいな。でも、風景描写にはやはり意味があるんだ。**風景描写は客観的なものではなく、登場人物の視点から描かれている**んだ。だから、その描写には登場人物の心情が投影されている。そこで、情景描写と言うこともある。

先生、難しいから、もう少しわかりやすく説明して。

ミシェル、たとえば、怪奇映画を頭に浮かべてごらん。

私、怖いの、苦手。

主人公が古びた洋館の扉を「ギギギーー」と開ける。そこは何年も誰も住んでいない館なんだ。すると、扉の向こうの長い廊下が目に飛び込んでくる。その角を曲がれば、目指す部屋にたどり着くのだが、その角の向こうから何か重たい気配が漂ってきて、思わず足がすくむ。

いやだ、鳥肌が立ってきた。

このとき、カメラは何重にも特殊技術を使って、薄暗くて、何者かが潜んでいそうな情景を撮っていく。でも、それは現実にそのような情景があるわけではなく、主人公のおびえた瞳に映った**主観的な光景**なんだよ。逆に言うと、そういった情景をカメラで撮ることによって、主人公の心情を何も説明せずに観客に伝えることができる。小説の描写もそれと同じなんだ。

そうか。**小説の描写には登場人物の心情が表れている**んだ。

小説の問題では、そういった動作やセリフ、風景描写に線を引き、そのときの登場人物の心情を答えさせるような問いが設けられているんだ。

読解の公式

◆風景描写は、登場人物の心情の投影。

03 『道草』夏目漱石

（別冊問題集20ページ）

★論理的読解法

■『道草』■

夏目漱石の**『道草』**だ。『道草』は漱石の完成された作品としては最後のものなんだよ。その後『明暗』という長編小説を書くのだけれど、その途中で胃病で死んでしまったので、『明暗』が絶筆。

先生、『道草』って、どんな作品ですか？

漱石の**唯一の自伝的作品**と言われているんだ。もちろん、漱石は随想などで自分の過去のことを書いたことはあったんだが、当時盛んであった自然主義的な作品には批判的であり、自分の過去を暴露するような小説を書くことはなかったんだ。

それが初めて自伝的な小説を書いたんだ。

人は死ぬ前に自分の人生を振り返るというものね。

そうだね。ところで、受験生がこの問題を解くとき、当然この作品を読んだことがないことが前提となる。作品の成立年代は、大正時代。

わぁ〜、大正時代なんて、想像もつかないわ。

しかも、問題文は長い小説の途中を切り取ったものだ。だから、感情移入をして読んだら、人によって様々な捉え方をしてしまう。

そりゃそうよ。今の私たちの生活感覚でこの作品を理解したら、とてもこの時代の人の気持ちなんてわからないはずだもの。センス・感覚では読めないわ。

うん。**自分の感覚というフィルターを通さずに、作品自体を客観的に分析しなければならない。作品に内在する論理にしたがって読む**ということは、評論となんら変わることがないんだ。だから、今まで論理的読解や指示語、接続語などの論理語に着目する解き方を訓練してきたんだ。

では、論理猫としての私の腕の見せ所ね。

読解の公式

◆小説問題は、主観を排し、客観的に登場人物の心情を分析する。

■細君の父■

A　イコールの関係　A′

細君の父は事務家であった。 a 仕事本位の立場からばかり人を評価したがった。乃木将軍が一時台湾総督になって間もなくそれを已《や》めた時、彼は健三に向ってこんな事を云った。――

A′エピソード

「個人としての乃木さんは義に堅く情に篤《あつ》く実に立派なものです。然《しか》し総督としての乃木さんが果して適任であるかどうかという問題になると、議論の余地がまだ大分あるように思います。個人の徳は自分に親しく接触する左右のものには能《よ》く及ぶかも知れませんが、遠く離れた被治者に利益を与えようとするには不充分です。 b 矢っ張手腕ですね。手腕がなくっちゃ、どんな善人でもただ坐っているより外に仕方がありませんからね」

A′

先生、この文章も長い小説の途中から始まっているのでしょ？

もちろんだよ。いきなり「細君の父は事務家であった。」で始まっているけれど、いったい誰の細君なのか、「細君の父」とはどんな人物なのか、まったくわからない。しかも、大正時代に書かれた作品だから、今のミシェルの生活感覚や価値観から読んだらとんでもないことになる。

だから、**小説もセンス・感覚ではなく、論理的に読んでいかなければならない**のね。

今、作者は「細君の父は事務家」ということを読者に伝えようとしている。そのために次に**具体的説明**をしているのが、「仕事本位の立場からばかり人を評価したがった」なんだ。

わぁ～、小説でも**「イコールの関係」**。

意外と作者は**小説でも論理的に説明しようとしている**んだよ。

事務家

＝（イコールの関係）

仕事本位の立場からばかり評価したがった

つまり、細君の父は心の優しさとか人柄とか正義感とかよりも、**仕事ができるかどうかで人間を評価するような人物**だったんだ。

先生、次も**体験（エピソード）**だから**A'**で、**「イコールの関係」**ね。

そうだね。乃木将軍は忠義一徹の性格で軍神とまで言われた将軍なんだけれど、実際戦争は下手だった。だから、細君の父はあまり評価していない。

いくら徳があって善人でも、軍人としての仕事ができなければ失格なんだ。

うん。細君の父はそれを「**手腕**」と言っている。仕事をする技量といった意味だが、これも**「イコールの関係」**。最初の段落で、まず細君の父がどんな考えの人物かを読み取ること。

読解の公式

◆小説でも、読者に説明するときには論理を用いる。

論理的に整理する

彼は在職中の関係から或会の事務一切を管理していた。侯爵を会頭に頂くその会は、彼の力で設立の主意を綺麗《きれい》に事業の上で完成した後、彼の手元に二万円程の剰余金をゆだねた。官途に縁がなくなってから、不如意に不如意の続いた彼は、ついその[1]イタク金に手を付けた。そうしていつの間にか全部を消費してしまった。然し彼は自家の信用を維持するために誰にもそれを打ち明けなかった。 C 彼はこの預金から当然生まれて来る百円近くの利子を毎月[2]チョウタツして、体面を繕わなければならなかった。自家の経済よりも[3]却ってこの方を苦に悩んでいた彼が、公生涯の持続に絶対に必要なその百円を、月々保険会社から貰《もら》うようになったのは、当時の彼の心中に立入って考えて見ると、全く嬉しいに違なかった。

このエピソードも細君の父親を紹介するためのものだね。

先生、「不如意」って、どんな意味ですか?

意外と試験に出てくる言葉だよ。もともとは「意のままにならない」という意味だけど、そこから転じて「経済的に困窮している」といった意味になったんだ。

細君の父はお金に困って、思わず会のお金を使い込んじゃったんだ。

だが、決してずるい男でも、金に汚い男でもないことに注意。懸命に毎月の利子を払い続けていたんだから。なぜかというと、「**自家の信用を維持するために誰にもそれを打ち明けなかった**」、「**体面を繕わなければならなかった**」、「**自家の経済よりも却ってこの方を苦に悩んでいた**」とある。

ここも**「イコールの関係」**。**お金よりも体面を大切にしている人物**だと言えるね。

いやだ、こんな人。

■夫婦の関係■

余程後になって始めてこの話を細君から聴いた健三は、彼女の父に対して新たな同情を感じただけで、［Ｉ］として彼を悪む気は更に起らなかった。そういう男の娘と夫婦になっているのが恥ずかしいなどとは**更に**思わなかった。**然し**細君に対しての健三は、この点に関して殆ど無言であった。細君は時々彼に向って云った。――

「妾《わたし》、どんな夫でも構いませんわ、ただ自分に好《よ》くしてくれさえすれば」

健三の心情

添加

逆接

「泥棒でも構わないのかい」
「ええ、泥棒だろうが、詐欺師だろうが何でも好いわ。ただ女房を大事にしてくれれば、それで沢山なのよ。いくら偉い男だって、立派な人間だって、宅《うち》で不親切じゃ妾にゃ何にもならないんですもの」

細君の心情

実際細君はこの言葉通りの女であった。健三もその意見には賛成であった。 d 彼の推察は月の暈の様に細君の言外まで滲み出した。学問ばかりに屈託している自分を、彼女がこういう言葉で余所《よそ》ながら非難するのだと云う臭《におい》が何処《どこ》やらでした。然しそれよりも遥《はる》かに強く、夫の心を知らない彼女がこんな態度で暗に自分の父を弁護するのではないかという感じが健三の胸を打った。

逆接

「己はそんな事で人と離れる人間じゃない」
自分を細君に説明しようと力《つと》めなかった彼も、独りで弁解の言葉を繰り返す事は忘れなかった。

やっと主人公の健三とその細君が登場よ。

健三は細君の父の公的資金の使い込みを聞いても、「新たな同情を感じた」とあり、「彼を悪む気は更に起らなかった」「恥ずかしいなどとは更に思わなかった」とある。

健三って、優しい性格なのかしら？

違うよ。健三にとってそれはどうでもいいことだったんだよ。次に、大切な**逆接**「**然し**」。逆接の後はチェックしよう。

はい。「細君に対しての健三は、この点に関して殆ど無言であった」とあります。

健三は細君の父のしたことをなんとも思っていなかったけれど、そうした**自分の気持ちを細君に伝えることはしなかったん**だ。そして、次の細君との会話。

細君の考え方、わかりやすい。「ただ女房を大事にしてくれれば、それで沢山なのよ。」って。だって、どんなに出世しても、お金持ちになっても、妻に親切にしなかったら、女から見ればなんにもいいことがないもの。

ここで推測できるのは、健三は外では社会的地位が高いが、細君を顧みることがあまりなかったのかもしれない、ということ。

仕事ばかりして、家庭のことをほったらかしにする、よくいるタイプね。

そこまでは決めつけることができないけれど、少なくとも細君はそんな不満を漏らしている。「実際細君はこの言葉通りの女であった。」とあるから、出世やお金よりも、自分を大切にしてくれるかどうかに価値を置いていると言える。ところが、健三は細君の言葉からそれ以上の思いを感じ取っているんだ。

それが「彼の推察は月の暈の様に細君の言外まで滲み出した」という表現でしょ。

「学問ばかりに屈託している自分を、彼女がこういう言葉で余所ながら非難するのだと云う臭が何処やらでした。」とあるね。細君の言葉から、健三は学問ばかりしている自分のことを暗に非難しているのではないかと思ったんだ。

でも、次にまた「然し」。

逆接の後の、「夫の心を知らない彼女がこんな態度で暗に自分の父を弁護するのではないか」が大切だね。「夫の心を知らない」は、健三が細君の父の不始末をなんとも思っていないということを、細君は知らないこと。だから、細君が暗に父を弁護したのではないかと、健三は思ったんだ。「己はそんな事で人と離れる人間じゃない」と思っても、健三は結局それを細君に告げることはせずに、独り言として言うだけだったんだ。

何よ。この夫婦。全然心が通い合っていないじゃない。

読解の公式

◆「しかし」は逆接。

■正月の出来事■

A　然し細君の父と彼との交情に、自然の溝渠が出来たのは、やはり父の重きを置き過ぎている手腕の結果としか彼には思えなかった。

（逆接）（健三の心情）

A′　健三は正月に父の所へ礼に行かなかった。キョウガ新年という端書《はがき》だけを出した。父はそれを寛仮《ゆる》さなかった。表向きそれを咎《とが》める事もしなかった。彼は十二三になる末の子に、同じくキョウガ新年という曲りくねった字を書かして、その子の名前で健三に賀状の返しをした。こういう手腕で彼に返報する事を巨細《こさい》に心得ていた彼は、何故健三が細君の父たる彼に、賀正を口ずから述べなかったかの[6]原因に就いては全く無反省であった。 Ⅱ 。利が利を生み、子に子が出来た。二人は次第に遠ざかった。已《やむ》を得ないで犯す罪と、[7]遣《や》らんでも済むのにわざと遂行する過失との間に、大変な区別を立てている健三は、性質《たち》の宜《よろ》しくないこの余裕を非常に悪み出した。

次も、**A→A′の論理パターン**。「然し細君の父と彼との交情に、自然の溝渠が出来たのは、やはり父の重きを置き過ぎている手腕の結果としか彼には思えなかった。」。ここも**逆接の「然し」**の後が重要。**健三と細君の父との間に自然と溝渠ができたのは、父の手腕の結果だ**と述べ、次にそれを裏付ける**エピソードA′を挙げている**んだ。

先生、「手腕」って、例の実務的な能力のことね。それにしても、漱石の文章は、小説でも論理的だとわかったわ。

二人の仲が離れていったのは、健三にしてみれば、細君の父の「遣らんでも済むのにわざと遂行する過失」なんだ。でも、細君の父にすれば、「こういう手腕で彼に返報する事を巨細に心得ていた」とあるので、正月に挨拶に来なかった健三に対して、**故意に仕返しをしている**んだ。

それが「**手腕**」なの？　陰険なだけじゃないの。でも、**健三は奥さんとだけでなくて、奥さんの父との関係も、お互いに心が通わないものになっている**のね。

健三にとって、細君の父が犯した公金の使い込みという犯罪よりも、正月に挨拶に来なかった健三にちょっとした仕返しをする、そういった手腕が憎いと思えたんだ。

人と人との関係なんて、そうした些細な積み重ねによって次第に崩れていく。

読解の公式

◆A→A′（エピソード）の論理パターンをおさえる。

■自然の造った溝渠■

「与《くみ》し易い男だ」

実際に於て与し易い或物を多量に有《も》っていると自覚しながらも、健三は他からこう思われるのが癪に障った。

健三の心情

彼の神経はこの肝癪《かんしゃく》を乗り超えた人に向って鋭い懐しみを感じた。彼は群衆のうちにあって直《す》ぐそういう人を物色する事の出来る眼を有っていた。けれども彼自身はどうしてもその域に達せられなかった。だから猶《なお》そういう人が眼に着いた。又そういう人を余計尊敬したくなった。

健三の心情

同時に彼は自分を罵《ののし》った。然し自分を罵らせるようにする相手をば更に烈《はげ》しく罵った。斯くして細君の父と彼との間には自然の造った溝渠が次第に出来上った。彼に対する細君の態度も暗にそれを手伝ったには相違なかった。

逆接

「与し易い男だ」は、扱いやすい男だという意味で、要は、細君の父は健三を軽く見ているんだ。見下された健三は面白くない。

「この肝癪を乗り超えた人」とは、それを平然と受け流せる人のこと。「鋭い懐しみ」とあるので、健三はそういった穏やかな人に憧れ、尊敬しながらも、自分ではそうなれない。

だから、「自分を罵った」わけだが、同時に自分をそういった状態に追い込んだ細君の父をさらに激しく罵った。

う〜ん、複雑な人間関係。

複雑というよりも、むしろ**心の奥深くで糸がもつれてしまったような人間関係**かもしれないね。「**同時に彼は自分を罵った。**」とある。健三は自分でもわかっていながら、癇癪を起こす以外にどうすることもできない。

でも、次に**逆接の「然し」**があります。

うん。「**自分を罵らせるようにする相手をば更に烈しく罵った**」とある。これが癇癪のことだけれど、そうやってますますどうしようもない袋小路に追い込まれていくんだ。しかも、細君とも、細君の父とも関係を断ち切ることができない。そんな**息詰まるような人間同士の関係の中で、健三はあえぎながら暮らしていくしかない**んだ。

人間って、複雑。猫のように、もっとあっさりと暮らせばいいのに。でも、漱石って、胃病で死んでいく直前も、こんな重たい、読んでいても苦しくなるような小説を書いていたのね。

そうだね。この頃の漱石はまさに血を吐きながら、命を削るように一つ一つの文章を綴っていったんだよ。

猫には理解できません。

心情問題の解法

いよいよ読解力を試す問題だわ。私、すぐに主観を入れてしまいがちだけど、大丈夫かしら？

よし、では、小説問題の解き方を説明するとするか。

はい、お願いします。

小説問題で問われるのは、ほとんど登場人物の心情なんだ。動作やセリフに傍線が引かれ、それを説明せよといった問題なんだが、結局、**心情を客観的に把握したかどうかが試されている。**たとえば、「彼女は黙っていた」という動作を表す箇所に傍線が引かれ、「傍線部を説明せよ」といった設問があったとしよう。

「黙っていた」という言葉の意味を聞いているわけじゃないことはわかります。

うん。そのとき、「悲しくて」黙っているのか、「怒って」黙っているのか、「お腹がすいて」黙っているのか、この傍線箇所だけだったら、人それぞれの解釈が可能だね。そのとき、どのような気持ちで黙っていたのか、つまり、**登場人物の心情を読み取ればいい**だけだ。ところが、そのとき、どうしても無意識に自分の気持ちから登場人物の気持ちを勝手に推測してしまう。

それが**感情移入**だったわね。

自分の感覚というフィルターを通すから、人それぞれの解釈を生み出してしまうことになる。

だから、合ったり間違ったりのくり返しになる。

動作・セリフ・風景描写
→ 自分の感覚というフィルター
→ 登場人物の心情は様々な捉え方になる

ただ小説を読むだけなら、それでももちろんかまわない。しかし、入試問題でこうした感覚的な読み方をしてしまうと、たまたま出題者と波長が合えば面白いほど高得点をとるが、逆に合わなければとたんにひどい点数をとってしまう。

要は、成績にムラができるわけね。

うん。これではいつ爆発するかわからない爆弾を抱えているようなものだ。

わぁ〜。怖い！

そのためには、**いかに感情移入をせずに、問題文と距離を置いて心情を客観的に分析できるかどうか**だ。

でも、私、すぐに無意識に猫の気持ちになって考えてしまうんです。どうしたらいいのかしら？

では、次に具体的な方法を説明しよう。問題文を読むとき、**登場人物の心情を表している根拠を探しながら読んでいく**んだ。そうやって、目的意識を持って読んでいくから、感情移入をすることがない。

そうか。登場人物の気持ちにならないように、目的を持って読んでいけばいいんだ。

ミシェル、心情を表しているものが三つあったけど、覚えてる?

はい。**動作**と**セリフ**、え〜と、あと一つは、そうだ、**風景描写**です。

正解。動作とセリフと風景描写。この三つを探しながら読んでいく。そして、それを見つけ出したら、必ず線を引く。他にも、小説の舞台がどのようなものか、**その状況を客観的に把握できる根拠があれば、チェック**。

問題文は傍線でいっぱいね。

それでいい。そして、設問を解く際は、傍線部だけで判断するのではなく、**その前後にある、すでにチェックしてある心情を表す根拠から判断する**。傍線部の直前や直後の心情が「悲しみ」ならば、やはり傍線部の心情も「悲しみ」だとわかる。

そうか。なんの根拠もなく、心情が突然変化するわけないものね。

もちろん、**問題文中で心情が変化することはあるけれど、そのときは必ずそうした理由やきっかけがある**はず。それもあらかじめチェックしておけばいい。

なんだか楽しそう。私、落書きするのも好きだし。

根拠をチェックするのは落書きとは違うよ。この際、注意しなければならないのは、**傍線部の直前直後の心情を表す根拠を手がかりにする**こと。なぜなら、離れた箇所にある心情は、場面の変化に伴って変化している場合があるので、あまり当てにすることはできないから。

先生、なんとなくわかってきました。要は、感情移入しないように、本文中の根拠を探し出して、登場人物の心情を客観的に把握すればいいのね。
実際にやってみないとまだピンとは来ないけれども。

よし、では実際に設問を解いてみよう。

★解法のプロセス

問一 傍線部**1・2・5**（二箇所同じ）に当たる漢字がカタカナ部分に使われている語を、次の**ア～エ**の中からそれぞれ選べ

1 **ア** イ約 **イ** 辞イ **ウ** イ曲 **エ** 周イ

2 **ア** 出チョウ **イ** チョウ意 **ウ** 色チョウ **エ** チョウ過

5 **ア** キョウ順 **イ** 最キョウ **ウ** キョウ縮 **エ** 説キョウ

各選択肢の漢字も書けるようにね。

1 委託…**ア** 違約 **イ** 辞意 **ウ** 委曲 **エ** 周囲

2 調達…**ア** 出張 **イ** 弔意 **ウ** 色調 **エ** 超過

5 恭賀…**ア** 恭順 **イ** 最強 **ウ** 恐縮 **エ** 説教

結構、難しかったです。

解答 問一　1 ウ　2 ウ　5 ア

問二　空欄a～dにはそれぞれどのような言葉が入るか、その組み合わせとして最も適当なものを次の**ア**～**オ**の中から選べ。

ア　a 従って　b 其所《そこ》へ行くと　c けれども　d 動《やや》もすると
イ　a 従って　b けれども　c 動もすると　d 其所へ行くと
ウ　a 動もすると　b 其所へ行くと　c 従って　d けれども
エ　a 動もすると　b 従って　c けれども　d 其所へ行くと
オ　a けれども　b 其所へ行くと　c 従って　d 動もすると

先生、言葉が古くさくって、どうしていいかわかりません。

こういった問題は、確実なものから考えていけばいいんだ。「**動もすると**」「**其所へ行くと**」は、論理語ではないから、**因果関係の「従って」、逆接の「けれども」**で検討する。

なるほど。あとは文と文との論理的関係を考えればいいのね。

特に**逆接は白黒をつけやすいから、鍵となる論理語**だよ。それと選択肢の組み合わせを選ぶ問題は、正しい選択肢を選ぶのではなく、**間違った選択肢を消去していく**んだ。

はい、やってみます。

各選択肢に逆接が必ずあるので、そこに注目してごらん。

a

直前が「事務家」、直後が「仕事本位の立場から～」なので、少なくとも逆接ではないから、**オを消去**。

それでいいんだ。ここは「動もすると」でも、「従って」でも入ってしまうよ。だから、絶対に入らないものを見つけて消去。

b

直前が「個人の徳は～不充分です。」、直後は「矢っ張手腕ですね」。個人の徳ではうまくいかないから、手腕が大切ってことで、因果関係の「従って」がいいと思います。

確かに「**従って**」も入るけれど、「**其所へ行くと**」も入るよ。だから、あまり無理をしないで、**逆接のイを消去**。

c

では、逆接だけに着目します。直前は「**誰にもそれを打ち明けなかった**」、その結果、直後は「**利子を毎月チョウタツして**」とあるから、**逆接のアとエを消去**。あれ？　もう**ウ**しか残っていない。

では、最後に**d**に「**けれども**」を入れて、確認してごらん。

d

はい。直前は「**健三もその意見には賛成であった。**」とあります。健三は細君の言葉に賛成しているのに、直後では「**彼の推察は～言外にまで滲み出した**」とあるから、結局、細君の言葉通りには受け取っていないんだ。だから、逆接が入ります。

解法の公式

◆選択肢の組み合わせを選ぶ問題は、消去法。

◆接続語の問題は、因果・逆接の論理語で決める。

解答

問二　ウ

問三　傍線部**3**「却ってこの方を苦に悩んでいた」のはなぜか、その理由として最も適当なものを次の**ア**～**エ**の中から選べ。

ア　自分の道徳観から外れていると感じたから　×

イ　自分に対する世間の評価を重んじたから　×

ウ　家族に心配をかけたくなかったから　×

エ　いずれ失地挽回できると考えていたから

小説問題は、登場人物の心情をつかまえればいい。傍線部は細君の父のことだから、彼の心情をつかむこと。

傍線部の「**この方**」は、毎月利子を調達すること。細君の父はそちらの方を苦しんだんだわ。

そのときの心情を表す根拠を、文中から探してごらん。

傍線部直前に「**自家の信用を維持するために**」「**体面を繕わなければならなかった**」とあります。

つまり、**体面、世間体を重んじる人**だから、**イ**が答え。

ア「道徳観」、**ウ**「家族」、**エ**「失地挽回できる」が、×です。

解法の公式

◆傍線部前後の心情を表す根拠をつかまえる。

解答　問三　イ

問四　空欄Ⅰに入る最も適当な語を、次の**ア**〜**エ**の中から選べ。
ア　犯罪者　**イ**　不徳義漢　**ウ**　偽善者　**エ**　破廉恥漢

先生、どの選択肢も正しいような気がして、困ってしまいます。

そうだね。どれが絶対に正しいとか、間違いとかは断定できない。というよりも、空所問題は正しいかどうかではなく、**もともと漱石がどの言葉を使っていたのか、それを推測しなければならない**。

そうか。原典があるんだものね。

では、空所前後の文脈から答えを推測しよう。直前に「**この話を細君から聴いた健三は**」とあるから、基本的には細君の話から判断するしかない。確かに公的資金を使い込んだのだから、**ア**の「**犯罪者**」と言えなくもないんだが、今とこの時代とでは人々の価値観が異なっている。だから、自分の価値観で判断してはいけないんだ。問題は、健三が細君の父をどのように捉えているのか。

細君の父は**自分の行為が道徳的に正しいかどうかよりも、世間体、体面ばかりを気にしていた**わ。

うん。なにも善を装ったわけじゃないから、**ウ**「偽善者」は×。**徳のない人物のこと**だから、**エ**「破廉恥漢」よりも、**イ**「不徳義漢」の方が、適切。

解答 問四 イ

問五 傍線部4「この言葉通りの女」とあるが、その内容として最も適当なものを次の**ア**〜**エ**の中から選べ。

ア 世間体よりもまず経済的安定を考えている女 ナシ

イ 自分の得が何よりもまず大事だと考える女 △

ウ 男はまず妻を大事にするものと考えている女 ○

エ いざとなれば、思い切ったことをしてかす女 ナシ

先生、健三の奥さんがどんな女かを選ぶ問題でしょ？　**イ**と**ウ**で迷いました。

確かに迷うかもしれないね。まず傍線部の指示語は何を指しているの？

あっ、そうか。「**この言葉**」とあるから、直前の「**ただ女房を大事にしてくれれば、それで沢山なのよ。**」を指しているわ。ということは、答えは**ウ**しかないわ。

そうだね。設問は、「『この言葉通りの女』とあるが、その内容として最も適当なもの」を答えるもの。**その指示内容をおさえずに考えるから、迷ってしまう**んだ。**ア**や**エ**は本文に書いていないし、指示内容とは関係ないから、×。**イ**と迷ったかもしれないが、**細君はただ自分を大切にしてくれればそれでいいと言っているだけ**で、すべて「自分の得が何よりもまず大事だ」と言っているわけではないんだ。

解法の公式

◆傍線部やその前後の指示語をチェック。

解答　問五　ウ

問六 傍線部**6**「原因」とあるがそれは何か、その内容として最も適当なものを次の**ア**～**エ**の中から選べ。

ア 父の零落に対する同情　ナシ

イ 夫婦の不仲からくる疎外感

ウ 父の巨細な世間知への嫌悪

エ 父の人間評価への違和感

健三は細君の父に正月の挨拶をしなかったのだけれど、その「原因」を答える問題だね。

ア「**父の零落に対する同情**」、**イ**「**夫婦の不仲からくる疎外感**」が関係ないのはすぐにわかったけれど、**ウ**と**エ**で迷いました。

確かに難しい。**ウ**と**エ**のどちらが文中に根拠があるかどうかだ。**ウ**は細君の父が「**手腕**」に重きを置いている人物だとは書いてあるけれど、それと「**世間知**」は異なっている。

確かに**「世間知」を持っているかどうかは書いていない**わ。

それに対して、**エ**「**父の人間評価**」だけど、冒頭に「**細君の父は事務家であった。**」と書いてある。なんでも仕事本位に考えがちで、その例として、父は義に堅く情に篤い乃木将軍を評価していない。それに対して、健三はたとえ細君の父が公的資金を使い込んだとしても、その人物を憎む気持ちはなかった。学問ばかりしている健三は、「手腕」で人を評価することはない。つまり、**お互いに人間の認識の仕方が根本的に異なるから、なかなか相容《あいい》れることができないでいる**んだ。

解答　問六　エ

問七　空欄Ⅱに入る最も適当なものを、次の**ア**～**エ**の中から選べ。

ア　火のないところに煙は立たぬ　　**イ**　一事は万事に通じた

ウ　雨降って地も固まった　　**エ**　愚問は愚答を生んだ

空所前後をチェック。

直後に「利が利を生み、子に子が出来た。」とあります。

うん、つまり、**空所の前に書いてある不仲の要因は一事だけれど、すべてがそのようにうまくいかずに二人は次第に遠ざかった**ということだから、**イ**「一事は万事に通じた」が答え。

解法の公式

◆空所の前後をチェックせよ。

解答 問七 **イ**

問八 傍線部**7**「遣らんでも済むのにわざと遂行する過失」とあるが、具体的には何を指しているか、最も適当なものを次の**ア**～**エ**の中から選べ。

ア 返報 **イ** 弁解 **ウ** 非難 **エ** 屈託

ここでは「**具体的**」という**条件**に注意。別にしなくてもかまわないのに、わざとした過失とはこの場合具体的に何かという問題。

先生、前の段落に書いてありました。「**こういう手腕で彼に返報する事を巨細に心得ていた**」とあります。

うん。健三が正月に挨拶に来なかったことを根に持った細君の父が、その返報としてわざわざ十二、三の末の子に年賀状を書かせたこと。もちろん、「**返報**」とは仕返しのこと。**そんな仕返しをすることはないのに、細君の父があえてそれをしたことで、二人の仲がますます遠ざかっていった**んだ。

人間って、やっかいな動物ね。

解答　**問八**　**ア**

問九　この場面全体に底流する主人公の中心的な思いは何か、最も適当なものを次の**ア**～**エ**の中から選べ。

ア　自らの失策については反省せず、○自分を与しやすい人間とみる父への不満

イ　学問に没頭したくてもさまざまな心配事を押しつけてくる世間への嫌悪　×

ウ　自分と父との溝の理由について、妻と理解しあえないことへのいらだち　△

エ　自分の価値を明確に持ち他人の評価に一喜一憂しない人間に対する尊敬の念　×

先生、これも結構迷いました。

うん、紛らわしい選択肢があるね。

イ「**世間への嫌悪**」、**エ**「**尊敬の念**」が違うことはわかりました。でも、**ア**「**父への不満**」、**ウ**「**妻と理解しあえないことへのいらだち**」はどちらも書いてあったと思います。

どちらも本文に書いてあるし、決して間違いとは言えない。そこで、もう一回設問を丁寧に読み直してごらん。

はい。「**この場面全体に底流する主人公の中心的な思いは何か**」。

まず「この場面全体に底流する」とある。「底流」とはこの場面全体に流れているものということ。

そういえば、「妻と理解しあえないことへのいらだち」は書いてあったけれど、「場面全体」とは言えないわ。

そうだね。出題者はもちろん正解を一つと思ってこの設問を作ったわけだ。その出題者がわざわざ「主人公の中心的な思いは何か」と設問に書いている。

確かに普通は「主人公の思い」であって、わざわざ「中心的な」とは書かないわ。

そこで、「場面全体」「中心的な思い」を頭に置いて、文章全体を見直してごらん。

はい、冒頭は「細君の父は事務家であった。」で、奥さんと理解しあえない話ではなかったわ。

本文の末尾は？

「**斯くして**細君の父と彼との間には自然の造った溝渠が次第に出来上った。彼に対する細君の態度も暗にそれを手伝ったには相違なかった。」とあります。

「斯くして」は「このようにして」という意味の指示語で、この**問題文全体を指している**ね。

あっ、だから「**場面全体**」という条件を付けたんだ。

だから、この場面全体、さらには「**主人公の中心的な思い**」は、**ア**「**自分を与しやすい人間とみる父への不満**」が答えだよ。**ウ**「**妻と理解しあえないことへのいらだち**」は、次に「**彼に対する細君の態度も暗にそれを手伝ったには相違なかった**」とあるね。

「手伝った」という言葉から、**「中心的な思い」ではない**んだ。

このように小説は問題文に内在する論理にしたがって読み、解いていかなければ、結局出題者にうまく引っかけられてしまうことになる。

気をつけなくては。

解答

問九　ア

■解答■

問一　1ウ　2ウ　5ア
問二　ウ
問三　イ
問四　イ
問五　ウ
問六　エ
問七　イ
問八　ア
問九　ア

随想読解法・随想問題の解き方

今まで評論文と小説を読んできたけれど、もう一つ随想あるいは、随筆とかエッセイとか呼ばれる文章のジャンルがあり、それがよく出題されるんだ。

エッセイって、聞いたことがあります。でも、評論と随想と、どう違うのかよくわかりません。

この二つは厳密に区別する必要などどこにもない。実際、作者や出版社が評論として出版すれば評論だし、エッセイ集として出版すればエッセイとか随想・随筆と呼ばれるだけなんだ。現実に評論か随想か、区別がつきにくいものもある。

では、なぜ先生は区別するのですか？

うん。僕があえて区別するのは、あくまで入試問題を解きやすくするためなんだ。随想問題だと意識すれば、随想問題の解き方を当てはめることができる。もちろん、評論であろうが、随想であろうが、論理を追っていけばどちらも正解を導くことができる。でも、**評論と随想を区別すれば、もっと楽に問題を解くことができる**んだ。

先生、では、随想ってどんな文章なの？

作者が自分の思いを綴った文章。たとえば、『源氏物語』について述べた文章があるとする。『源氏物語』とはどんな作品かを客観的に分析した文章ならば評論で、「私にとっての源氏物語」「私が源氏物語から受けた影響」「私の好きな源氏物語の女性たち」ならば、「私の心情」を綴ったものだから随想と言える。つまり、**評論ならば「筆者の主張」、随想ならば「作者の心情」を読み取ればいい**というわけだ。

そうか。随想と思えば、「作者の心情」を探していけばいいのだから、文章を読むときの目標を決めやすいというわけね。

うん。もちろん、「作者の心情」であっても、不特定多数の読者に向けて文章を書いたのだから、当然筋道を立てて書いてある。小説は動作、セリフ、風景描写から登場人物の心情を読み取るのに対して、評論は筆者の主張を論理を追うことでつかまえなければならない。それに対して、**随想は「作者の心情」を論理を追うことで読み取っていく**。

論理的な読解という点では、評論と随想はおんなじなんだ。

だから、無理に区別しなくても、論理的に読んでいけば大丈夫なんだ。

	特徴	読み取るもの	読み取る方法
評論	筆者があるテーマについて客観的に分析した文章	筆者の主張	論理を追う
小説	作者があるテーマをもとに虚構を描いた文章	登場人物の心情	動作・セリフ・風景描写
随想	作者が自分の思いを綴った文章	作者の心情	論理を追う

随想読解法・文学的文章の読み方

先生、一つ質問があります。先生は、随想のときは「作者」、評論のときは「筆者」と使い分けしているけれど、何か意図があるのですか?

小説など、**文学的文章のときは「作者」、評論は文学的文章ではなく、自分の主張を論証するものだから、「筆者」**なんだ。たとえば、文学を創作する人と文学を研究する人とが異なっているみたいなもんだね。

ということは、随想は文学的文章ってことになるのかしら?

なかなか鋭いな。もちろん、随想は文学的文章で、書き手は小説家や詩人、歌人などが多い。**文学的文章は文学的表現を重視しているから、比喩など、レトリックを多用したりする。**一見読みやすく思えるけれど、それだけに**逆に背後に隠されている論理**を見落としがちになる。

先生、今まで随想は読みやすい、簡単な評論だとばかり思っていました。それなのに、意外と得点ができない。確かに、評論のように評論用語、文体を使っていないし、テーマも

それほど抽象的でないから簡単に見えるけど、それが落とし穴なんだ。

そうだね。読みやすいだけに、自分の主観を入れやすいと言えるし、どんな文章でも論理のないものは存在しないのだから、**背後に隠された論理をより意識しなければ誤読をしてしまう可能性が大きい**。それに設問も**レトリックなどの文学的表現を問う**ものが多くなるので、意外と手強い問題が多いんだ。

油断大敵ってことね。

04『よつ葉のエッセイ』俵　万智

(別冊問題集27ページ)

★論理的読解法

■短歌の解釈■

A′引用
手紙には愛あふれたりその愛は消印の日のそのときの愛

生まれて初めて活字になった歌である。手紙が好きだ。手紙は、言葉を運んでくれる。心を運んでくれる。そして何よりも「時間」を運んでくれる。

右の一首は、ストレートに読めば A 不信の歌である。愛はあふれているけれど、それは手紙を書いた日の、それは手紙を出した日の——あなたの愛は今どこに、あるのかないのかつかめない——そんなつぶやきから生まれた一首だったように思う。

わぁ〜、たいへん。短歌が出てる。猫に短歌なんて、とても無理です。先生、短歌って、やっぱり文学的センス？

ミシェル、焦らないこと。確かに短歌を鑑賞するには文学的センスがある程度必要かもしれないけれど、**今問われているのは短歌を鑑賞するセンスなんかではなく、論理的な読解力**なんだ。しかも、入試問題である限り、必ず文中を根拠に解けるようにできている。

でも、短歌なんてどうやって解釈していいか、さっぱりわからないわ。だって、評論のようにあまり論理的に説明されていないんだもの。

確かに短歌や俳句は言葉をぎりぎりまで絞り込んでいる。だから、その**省略部分・空白を推測しなければならない**。

先生、やっぱりセンスじゃない？　推測しなければならないんだもの。

いや、そんなもの一切いらないよ。**論理によって省略部分を補っていけばいい**んだ。それに、詩や短歌、俳句が単独で出題されることはめったにない。今回もそうだけど、大抵は**文章の中の引用として取り上げられている**。

あっ、そうか。**引用ならA′「イコールの関係」**ね。

うん、君たちがどう解釈したかではなく、**作者がそれをどう解釈したかが問われる**わけで、しかも、作者の解釈は文章の中にすべて書いてある。だから、**文中の根拠を下敷きに、短歌や俳句を解釈すればいい**んだ。

ここでも**「作者の解釈A」＝「短歌・俳句の引用A′」**の**「イコールの関係」**なんだわ。

読解の公式

◆短歌や俳句は、自分で解釈するのではなく、作者の解釈を理解せよ。

冒頭、いきなり短歌が引用されている。決して難しい歌ではないけど、基本的には君たちがこの歌をどう解釈したかではなく、作者がどう解釈したかが問われるんだ。ただし日本語レベルの解釈は必要だよ。ミシェル、まずこの歌は何を**話題**にしている？

話題？　え〜と、「手紙」かな？

うん、「**手紙には愛あふれたり**」とあるから、単なる手紙ではなく、ラブレターのことだね。

愛があふれた手紙って、なんだかハッピー。

ところが、「**その愛は消印の日のそのときの愛**」とあるんだ。「**消印**」とは郵便局が押した日付を記したもの。**手紙にあふれた愛は日付の日のそのときだけのもの**といった意味だろうね。

そうか。愛は永遠ではないんだ。

日本語レベルの解釈はこれくらいで十分。そこで、今度は**作者がこの歌をどう解釈しているか、**それを読み取っていこう。

それは問題文中に書いてあるから、それを理解すればいいんだ。

そうだね。もちろん今回は自分の作った短歌を紹介した文章だけど、作者はこの短歌を単に「**言葉**」「**心**」だけでなく、「**時間**」を運んでくれると述べている。しかも、**「何よりも」という強調表現**を使っているから、**手紙が「時間」を運ぶことが一番言いたいこと**らしい。

先生、手紙が「言葉」や「心」を運んでくれるのは、愛があふれる手紙だから理解できるけれど、「時間」を運ぶってどういうことですか？

わからなければ、無理に解釈しない。そこで無理に解釈すると、主観が入ってしまう。**先を読み進めることによって、初めて理解できることがある**んだよ。

ここはちょっと我慢ね。

作者はその歌を詠んだとき、「愛はあふれているけれど、それは手紙を書いた日の、それは手紙を出した日の――あなたの愛は今どこに、あるのかないのかつかめない――そんなつぶやきから生まれた一首だった」と述べている。

あ〜あ、やっぱり愛は消えてしまったんだ。だから、男って、信用できない。私は、男に頼らない生き方をするわ。

ミシェルの生き方はともかく、ここで書かれているのは、この短歌を詠んだときのこと。ということは、今は異なった思いを抱いているということだから、それを次に読み取ればいい。

が、時を経てこの歌を眺めてみると、また違った思いが湧いてくる。（1）いま目の前に愛を言う唇があったとしても、明日のことはわからない。（2）ならば手紙が運ばれる時間など、どうってことない誤差である。（3）そのことよりも、たしかに愛があったことの、私を思ってペンをとってくれた時間があったことの、大切さを思いたい。（4）そんな気がする。（5）手紙は心の消印なのだ。その日の心を虫ピンでそっと止めてくれる。そしてその時間を、それごと相手に運んでくれる。

作者の心情

イコールの関係

先生、やはり「違った思い」が書かれていました。

うん。「手紙が運ばれる時間」とは、相手が手紙を書き、その手紙が配達されてくる間の時間のこと。今愛していたとしても、明日のことはわからない。でも、相手が手紙を書いているときは確かに愛があったのだ。だから、作者は「たしかに愛があったことの、私を思ってペンをとってくれた時間があったことの、大切さを思いたい」と書いたんだ。

そして、手紙は愛があふれていたそのときの心をそっと止めてくれる。だから、「心の消印」

なのだ。

なんだか私も手紙が欲しくなってきたわ。

手紙は愛があふれていたその時間をそっと止め、相手に運んでくれるものだ。**手紙には相手のそのときの愛がいつまでも虫ピンで止められている。明日のことなどわからない以上、それで十分ではないか。**

本当だ。**「随想」は作者の心情が描かれている**わ。私も愛があふれる手紙をピンで止めて、一日中眺めて暮らそうかしら。

そんなの、ミシェルには似合わないよ。

■手紙の「間」■

（作者の心情）手紙には「間」があるのがいい。（具体例）【便箋を折りたたむ間、切手を貼る間、宛名を書く間、郵便受けに発見してから封を切るまでの間、一枚目から二枚目へとうつるときの間、読み終えて封筒へ再びおさめるまでの間、】あわただしい日常の中でそんな小さな「間」を意識している人はほとんどいないだろう。（逆接）けれど無意識的にせよ、そんなひとしずくの間を、手紙はもたらしてくれるのだ。日常があわただしければあわただしいほど、そのひとしずくの間が私たちに与えてくれる潤いは、とてもとても大切なもののように思われる。それが愛しい人からの手紙であれば、なおさらのことである。

先生、なんだか話題が変わったみたい？

よくわかったね。「**手紙**」について書いてあることには変わらないが、**手紙の「時間」から、手紙の「間」に話が変わった**ね。一つの手紙を出そうとすると、結構たいへんだ。手紙を書き、便箋を折りたたみ、封筒に住所を書き、切手を貼り、封をして、郵便ポストまでそれを持っていく。郵便屋さんがその手紙を相手に運んでくれるまでには一日か二日かかるし、相手がそれをすぐに読んでくれるとは限らない。そうした**「間」が潤いを与えてくれる**と作者は述べている。

ふ〜ん、私ならメールで一発だけど。

■ 対立関係を読み取る ■

手紙 ↔ 電話

電話は便利だ。【機能的。けれどある意味では［B］である。ゴハンを食べていようが、おフロに入っていようが、考えごとをしていようが、それはヨウシャ①なく私たちを電話口へと呼びたてる。その唐突な、時間への侵入。互いの時間は強引に結びつけられるのである。電話は［C］をそぎ落とす。】（具体的説明）が（逆接）、一方でそのことは、時間の共有をもたらしてくれる。共有——現在《いま》という時間の共有。それが電話の大きな魅力であろう。

今度は**話題が「電話」**に変わったわ。

「手紙」から「電話」に変わったなら、**二つの話題の論理的関係を考えなければならない**。「イコールの関係」か、「対立関係」か。すべての内容はばらばらにあるのではなく、論理的な関係が成り立っているはずだからね。このように随想では背後に隠された論理をしっかりと意識して読まなければならない。

今回は**「対立関係」**ね。だって、**「手紙」には「間」がある**のに対して、**「電話」には「間」がない**もの。あるのは、**「現在」という時間だけ**。

よくわかったね。手紙は相手に届くまで時間がかかる。それは人に潤いを与えてくれるかもしれないけれど、少なくとも「現在」を共有してはいない。手紙が相手に届いた頃には、その人の気持ちは変わっているかもしれない。

そうか。手紙に書かれているのはその人の今の気持ちではなく、数日前の気持ちなんだ。その間に気持ちが変化したら、返してちょうだいって言いたくなるわ。

読解の公式

◆複数の話題が提出されたときは、その論理的関係をマークせよ。

■短歌を論理で解釈する■

A′ 真夜中に吾を思い出す人のあることの幸せ受話器をとりぬ

A′ ㋑ この時間君の不在を告げるベルどこで飲んでる誰と酔ってる

＝

相手の現在を、ナマな息づかいを、電話は運んでくれる。今、この真夜中に、私の声が聞きたいというあなたの現在。その現在が、私の現在へドッキングする。電話が通じないときには、「部屋にいない」という相手の現在を私たちは知るのである。

先生、どうしよう。私の嫌いな短歌が二つもある！

心配いらないよ。どちらも**引用A′**だから、あくまで**電話が「現在」という時間を共有している**

証拠として挙げたもの。

そうか。短歌も論理的に解釈するんだったわ。

二つの短歌は「対立関係」にあるね。一つ目の短歌は、真夜中に電話のベルが鳴り、作者はそれは真夜中に自分のことを思い出している人がいるとプラスのイメージで受け取っている。そして、二つ目の短歌は電話しても相手が出ないので、それは相手が現在部屋にいないというマイナスのイメージだ。でも、どちらも**電話が「現在」という時間を相手と共有している**点に関しては共通だよ。

確かに。私にもし死ぬほど好きな人がいて、夜中に電話してもその人が出てこなかったら、いったい今頃どうしているのだろうと不安になるもの。でも、「どこで飲んでる誰と酔ってる」って、生々しい。

読解の公式

◆短歌が引用として扱われているときは、作者の心情と「イコールの関係」。

■手紙と電話■

誰かへ手紙を書くということは、その人のことを思う時間を持つということだ。その時間を封筒に詰めて、送るのである。手紙そのものが、その時間の消印になる。

今は電話全盛の時代。この忙しい日常の中で、手紙というのはある意味では②ヤボな存在かもしれない。時間の消印なんて、むしろ［D］思う人もいるだろう。電話は、残らない。その場その場で消えてゆく。それを切なく思うか、［E］思うかは人によるであろう。私は、切ない。ときどき、電話の声をピンで止めておきたいような衝動にかられることがある。寂しいのだ、その場で消えてゆくということが。

作者の心情

最後に、手紙と電話のまとめ。**手紙は「その時間の消印になる」**のに対して、**電話は「その場その場で消えてゆく。」**とある。

電話は「時間の消印」にはならないんだ。

うん。作者はこのように電話と手紙をもう一度対比させ、最後に自分の心情を吐露する。たとえ今愛はなくなっていたとしても、手紙は愛あふれるそのときの「時間の消印」である。それに対して、電話は現在を表しているが、その場その場で消えてゆく。

先生、随想は「作者の心情」をつかまえるのだったわね。

うん。時間を止めておくことをどう捉えるかは人それぞれだが、作者は**「寂しいのだ、その場で消えてゆくということが。」**と最後に述べている。これが**作者の心情**。

本当だ。**随想は作者の心情を論理的に表現している。**でも、**その論理は背後に隠されているから、私たちは意識して読み取っていかなければならない**んだわ。勉強になりました。

普段本を読むときは、それほど論理を意識しなくてもいいんだけれど、入試問題を解くときはそうはいかない。設問に答えることができるように問題文を読むのだから、当然論理を意識すること。

はい。それと、意外と短歌って面白いんだなって思いました。だって、短い言葉で心の奥深いところを表現しているから、かえって一つ一つの言葉に深い意味がこもっているんだって気がしました。

うん、だから、一つ一つの言葉を大切にしなければならない。

もう一つ、発見。短歌って、その解釈は人それぞれだと思っていたけれど、そうでもないんだ。

解釈と鑑賞をごちゃ混ぜにしてはいけないよ。**短歌であっても、論理という約束事にしたがって表現されている限り、やはり正確な解釈は必要であって、その読解力を入試では試している**んだ。正確に深く解釈した後、初めて次に鑑賞ということが起こってくる。その作品をどう鑑賞し、どう評価するかは確かに人それぞれだけど、それは入試問題では聞いてこないんだ。

★文章全体の論理構造

手紙 ⟷ 電話

手紙

A′ 手紙には愛あふれたりその愛は消印の日のそのときの愛。

A 作者の心情 手紙は心の消印。

愛があったその日の心を止め、時間とともに相手に運んでくれる。

手紙には「間」があるのもいい。

電話

A′ この時間君の不在を告げるベルどこで飲んでる誰と酔ってる。

A 作者の心情 電話は便利で機能的だけど、強引。

現在という時間の共有をもたらしてくれる。

現在

電話全盛の時代 電話はその場で消えてゆくことが、私には寂しい。

★解法のプロセス

今回はどれも簡単に見えて、意外と難易度の高い問題が含まれているから、注意が必要。

随想は読みやすいから、適当に解いてしまいがちだもの。気をつけなければいけないのね。

少なくとも簡単な問題は確実に得点すること。

問一　傍線部①・②のカタカナを漢字に直せ（楷書で正確に書くこと）。

先生、今回の漢字は難しかったです。

うん、どちらか一つが書ければ、合格。

解答
問一　①容赦　②野暮

問二　空欄**A**に入るものとして最も適当な言葉を、文中から抜き出して答えよ。

先生、これ、簡単。答えは、「**愛**」でしょ？

「**手紙には愛あふれたりその愛は消印の日のそのときの愛**」の主題を答える問題だけど、確かに、直後に「**あなたの愛は今どこに、あるのかないのかつかめない**」とあるので、「愛不信の歌」でもおかしくないね。

でしょ？

でも、「手紙不信の歌」としてもおかしくないよ。

あっ、そうか。困ったわ。

「愛不信の歌」か、「手紙不信の歌」か、それを決定するのが文脈なんだ。そこで、空所の直前を検討すると、**話題は「手紙」であって、「愛」ではない**よね。

「手紙が好きだ。」「手紙は、言葉を〜『時間』を運んでくれる。」。あっ、本当だ。「手紙」について書いてある。

「手紙」から、突然「愛」に話題が変わるならば、「さて」とか話題の転換を示す接続語が必要なんだよ。それがないと、一般的には文章は連続しているから、次の「右の一首は、ストレートに読めば」、「手紙不信の歌」となるはず。そして、次に「手紙不信」の理由として、空所直後に「あなたの愛は今どこに、あるのかないのかつかめない」となる。

「愛」が空所に当てはまるからといって、あわててはいけないのね。「愛」は直後とはつながるけれど、直前とはつながっていないもの。

もちろん、この文章は作者が最初に「手紙が好きだ。」と述べ、以下、手紙は言葉、心、時間を運んでくれると述べながら、ストレートに読めば右の一首は「手紙不信の歌」であるとしている。でも、今、作者は「手紙が好きだ。」の理由を述べているわけだから、**ストレートに読めば一見手紙不信に思えるけれど、とした上で、次の段落で実はそうでないと論理の流れをひっくり返すことになる。**このように、**論理を追っていくと、先が自ずと予想できる**んだ。

だったら、誤読なんてなくなるわ。

その通りだね。**文章を読むとは、予想したことを確認する作業**になる。作者はストレートに読むと一見手紙不信の歌に思えるけれど、実は「**時を経てこの歌を眺めてみると、また違った思いが湧いてくる**」と論理を展開する。

解法の公式

◆空所問題は、その前後の文脈から答えを決定する。

解答 問二　手紙

問三　次の文を文中に入れるとすると、(1)〜(5)のいずれが最も適当か答えよ。

たしかにそのときに愛があふれていたことを、手紙は運んでくれたのだ。

先生、この問題も意外と難しいです。欠落文を空所に順番に入れたんですけど、(1)でも(4)でも入るような気がします。

そうだね。どちらに入れても確かにおかしくない。他の空所はその前後と明らかにつながらないから、×。そこで、(1)と(4)とを検討しよう。まず(1)からだけど、ミシェル、(1)の直前は？

はい。「が、時を経てこの歌を眺めてみると、また違った思いが湧いてくる。」です。

ということは、(1)には「違った思い」が述べられていなければならない。では、どんな思いと「違った思い」なのかな？

逆接の「が」の前を見ると、「あなたの愛は今どこに、あるのかないのかつかめない」といった思いかな？

正解。それに対して、欠落文は「たしかにそのときに愛があふれていた」だね。「そのとき」とは、手紙を書いたとき。つまり、最初この歌をストレートに読めば、愛がどこにあるのかつかめないといった思いを詠んだものと思ったけれど、今改めてこの歌を鑑賞すると、「違った思い」が湧いてきたんだ。その「違った思い」が欠落文で、でも、手紙を書いたそのとき、「たしかにそのときに愛があふれていた」となる。

本当だ。欠落文を（1）に入れると、**前の文とも後ろの文ともぴったりとはまる**。これが**文脈**なのね。

でも、（4）も欠落文を入れると、前の文とも後ろの文ともつながるよ。

「たしかに愛があったことの、私を思ってペンをとってくれた時間があったことの、大切さを思いたい。（たしかにそのときに愛があふれていたことを、手紙は運んでくれたのだ。）そんな気がする。」本当だわ。いやだ。どうしよう。

逆に言うと、（4）に欠落文を入れないで読んでごらん。

「たしかに愛があったことの、私を思ってペンをとってくれた時間があったことの、大切さを思いたい。そんな気がする。」これでもおかしくない。

つまり、（4）には、欠落文を入れてもつながるが、入れなくても、もともとつながっているんだよ。**必要条件は満たしているけれど、十分条件は満たしていない**ってことだ。それに対して、（1）は直前に「違った思いが湧いてくる」とあるから、空所には前と違った思いが来ないといけない。もし、（1）に欠落文を入れなかったなら、その直後は「いま目の前に愛を言う唇があったとしても、明日のことはわからない」だから、「あなたの愛は今どこに、あるのかないのかつかめない」に対して「違った思い」とはならないから文脈上つながらない。つまり、（1）には欠落文を入れなければ、この文章自体がつながらなくなってしまうから、答えは（1）しかないんだ。

まとめると、**（4）は欠落文を挿入してもおかしくはないけれど、挿入しなくても困らない。だが、（1）には欠落文を挿入しなくては、文章自体が論理的につながってこない**んだ。

文章って、きちんと考えると、論理的にできているんだ。それを今までなんとなくといった読み方をしてきたから、いくら練習してもうまくいかなかったんだ。反省。

解法の公式

◆欠落文挿入問題は、前後の文脈で答えを決める。

解答　問三（1）

問四 空欄Bに入るものとして最も適当なものを、次の1～5の中から選べ。
1 刹那的　**2** 無機的　**3** 暴力的　**4** 衝動的　**5** 利己的

これは基本的。**空所直後の「それはヨウシャなく私たちを電話口へと呼びたてる」がBを具体的に説明したもの。**さらに、「唐突な」「強引に結びつけられる」とあることも、根拠。

わかりました。答えは、**3**「暴力的」。

うん。他の選択肢には紛らわしいものがないけれど、重要な言葉もあるから意味を確認しておこう。ただし、「無機」は対義語である「有機」が重要だよ。

★キーワード

「刹那」

意味：一瞬、瞬時。

例「刹那的な生き方」…将来のことを考えずに、そのときが楽しければいいという生き方。

解答

問四　3

「有機」

意味：生物体のように、全体を構成している各部分が互いに統一と関連を持っていること。

たとえば、人間の体も、様々な臓器や血液、リンパに至るまで各部分が統一と関連を持っている。だから、その一部が壊れただけで、体全体の調和が崩され、おかしくなることがある。

発展

「環境問題」…自然環境も人間、動物、植物、光、空気、水、微生物と、様々な要素から全体が成り立っている。その一部が破壊されることで環境全体が損なわれてしまうのが、「環境問題」。

対義語

「無機」（意味：非生物。）

「利己主義」

意味：エゴイズム、自己の利益を最優先する考え方。

問五　空欄Cに入るものとして最も適当な言葉を、文中から抜き出して答えよ。

問二から問四までは**文脈の問題**だったが、問五は**論理の問題**。**背後に隠された論理構造を読み取らなければ、正解は困難**かもしれないな。

先生、選択肢がないから、難しかったです。

そうだね。選択肢がない問題だからこそ、明確な根拠を持って解かないと間違ってしまうね。前段落は「**手紙**」についてで、「**手紙には『間』があるのがいい。**」といった内容だった。それに対して、この段落は**「電話」**についてで、**「対立関係」**になっている。

先生、わかった。「**手紙**」は「**『間』があるのがいい**」ならば、「**電話**」はその逆だから、「**間**」がないんだ。

うん。電話はこちらの都合が良かろうが悪かろうが、容赦なく電話口に呼び出すから、暴力的である。それらをまとめたのがCだから、**電話は「間」をそぎ落とすとなる。**

解法の公式

◆空所問題には、論理的解法と文脈的解法とがある。

解答

問五　間

問六　傍線部㋑の歌に表現されている心情として最も適当なものを、次の**1**〜**5**の中から選べ。

1　×一緒に飲んでいる相手を女性と妄想した（ナシ）不快感と憎悪の念が読み取れる。

2　○自分に行き先も告げない恋人の愛情に対する不信感の高まりが読み取れる。

3　ナシ夜おそく恋人が部屋にいないことを知った動揺と不安の念が読み取れる。

4　×自分も早く恋人のいるところへ行きたいという焦燥感が読み取れる。

5　恋人の心をつかめずに絶望感にとらわれ疑心暗鬼の深まりが読み取れる。

うわ〜。短歌の解釈って、猫の私には無理。先生、助けて。

落ち着いて。短歌は自分で解釈するのではなく、**作者がどう解釈をしたかを読み取る**のだっただろう？　実は紛らわしい選択肢がないので、意外と簡単なんだ。

あぁ、よかった。

ⓘの歌は、「**君の不在を告げる**」から、**3**「夜おそく恋人が部屋にいないことを知った」、「**どこで飲んでる誰と酔ってる**」から、**3**「動揺と不安」が対応しているね。ミシェル、他の選択肢は？

はい。**1**「一緒に飲んでいる相手を女性と妄想した」とありますが、「妄想した」とは読み取れないから、×。**2**「自分に行き先も告げない」とありますが、作者はそのことに動揺しているのではなく、**相手が今部屋にいないことに動揺している**のだから、×。作者は「『部屋にいない』という相手の現在を私たちは知るのである」と述べていることから、**4**「自分も早く恋人のいるところへ行きたい」、**5**「恋人の心をつかめずに絶望感にとらわれ」は×です。

解答　問六　3

問七　空欄**D**・**E**に入るものとして最も適当なものを、次の**1**〜**8**の中からそれぞれ選べ。

− **1**　わびしく　＋ **2**　うれしく　− **3**　ねたましく
＋ **4**　すがすがしく　− **5**　かなしく　＋ **6**　いとしく
− **7**　うとましく　− **8**　そらぞらしく

先生、どの選択肢も感情を表す言葉です。

よく気がついたね。では、**選択肢をプラスの感情とマイナスの感情とに分けてごらん**。

はい。**プラスの感情**が「うれしく」「すがすがしく」「いとしく」、**マイナスの感情**が「わびしく」「ねたましく」「かなしく」「うとましく」「そらぞらしく」です。

ではいくよ。**D**は、直前の「手紙というのはある意味ではヤボな存在かもしれない」から、マイナス感情。

先生、直前の「この忙しい日常の中で」から、答えは**7**「うとましく」です。

正解。**E**は、直前の「電話は、残らない。その場その場で消えてゆく。」とあり、「それを切なく思うか、**E**思うか」とあるので、**E**には「切なく」と反対のプラスの感情。

ふふふ。もうわかりました。プラスの感情の「うれしく」「いとしく」でも間違いではないけれど、やはり**「その場で残らない」**にぴったりの感情は、**4**「すがすがしく」です。

解法の公式

◆選択肢をまず整理して問題に取りかかれ。

解答 問七　D　7　E　4

問八　本文の論旨と合致するものを、次の**1**〜**5**の中から一つ選べ。

1　電話には機能的な印象があるが、手紙には優しいイメージが感じられる。（ナシ）

2　現代人の生活は多忙であるが、手紙は間という潤いを与えてくれる。

3　現在という時間と心の共有は電話には可能であるが、手紙にはない。（×）

4　手紙は時間の消印にはなりうるが、心および愛の消印にはなりえない。（×）

5　手紙には長い時間が封印されているが、電話は瞬間的・断片的である。

先生、「本文の内容と一致するもの」と、「本文の論旨と合致するもの」って、どう違うのですか？

大切な質問だね。**「本文の内容と一致するもの」は、本文に書いてあれば○、書いていなければ、×。**それに対して、**「論旨」は「主旨」とも言うのだが、作者の一番言いたいこと。**

それなら、たとえ本文に書いてあったとしても、論旨の場合は「一番言いたいこと」でなければ×なの？

論理的にはそうだね。ただし入試問題は人間の作ったものだから、出題者が「論旨」という言葉を厳密に使っていない場合もある。そのときには、**消去法**。たとえ、「論旨」ではなくても、他に正解がないときは、本文に書いてあるものを○にするしかないんだ。では、ミシェル、各選択肢を検討してごらん？

はい。**1**「**手紙には優しいイメージ**」とは本文のどこにも書いてないから、×。**3**「**心の共有は〜手紙にはない**」が少し引っかかります。手紙は確かに「**現在**」は共有していないけれど、「**心の共有**」はあるから、やはり×かな。**4**「**手紙は〜心および愛の消印にはなりえない。**」は、本文に反するから、×。手紙はそのときの愛を記したものだから、消印と言えるはずですね。

でも、あとはわかりません。**2**と**5**、どちらも正しい気がするもの。

先生、**2**の「**現代人の生活は多忙**」「**手紙は間という潤いを与えてくれる**」は間違っていないと思います。でも、**5**も正しいし。

確かにここから難しいね。選択肢を二つにまで絞り込んだら、**どちらがより「論旨」に近いか比べてみる**。これを**相対的判断**って言うんだ。ミシェル、選択肢を単独で判断せずに、**2**と**5**を比べてごらん。

2は手紙が潤いを与えてくれるということ。**5**は、手紙と電話について書かれています。手紙には長い時間が封印されているは○だし、電話は瞬間的・断片的も○。でも、比べてみると、**2は手紙、5は手紙と電話が対比されている。**

この文章の論旨は？

手紙だけれど、最後は電話の話だし——。

この文章は手紙についてだけ書かれたものではないよね。電話と比較して、手紙の良さについて述べているんだが、本文の最後を見てごらん。

「ときどき、電話の声をピンで止めておきたいような衝動にかられることがある。寂しいのだ、その場で消えてゆくということが。」。あっ、最後は電話の話で終わっている。

そうだね。だったら、論旨としては、手紙だけの**2**と、電話と比較して手紙を述べた**5**と、どちらがより論旨に近い？

わかりました。答えは**5**です。これが**相対的判断**なんだ。納得。

今回は基本的な問題と、一見簡単に見えて、実は結構やっかいな問題とがあったね。やっかいな問題を解くためには、**文中の根拠を探す**こと、**論理を追う**こと、そして、**文脈力**が特に大切だったね。

あとは、選択肢の扱い方もね。

解法の公式

- ◆論旨（主旨）を問う問題は、筆者が一番言いたいことを探せ。
- ◆選択肢を二つに絞り込んだら、相対的判断。

解答　問八　5

■解答■

問一　①容赦　②野暮
問二　手紙
問三　(1)
問四　3
問五　間
問六　3
問七　D 7　E 4
問八　5

第５章

創作予想問題

センター型問題

ミシェル、現代文の基礎を学習したところで、いよいよ実戦練習だよ。予想問題を二題創作したから、試験本番のつもりで時間を計って解いてみよう。

今までは、**頭の使い方に重点を置いてきた**から、あまり点数にこだわってほしくなかったのだけど、残りの二題はどれくらい点がとれるようになったのか、試してみよう。

配点も教えるから、答え合わせのときは点数をつけてみたらいい。合格点は50点満点で35点。

よぉし、満点取るぞ！

05 『業柱抱き』車谷長吉

（別冊問題集33ページ）

★論理的読解

■随想の読解■

A′ 体験

【人に物心が付くのは二、三歳のころである。併《しか》し自分に取り憑《つ》いたその「物」を、何とも知れない不気味なものとして恐れるようになるのは十代になってからである。私は学校を出るとごく平凡な会社員になったが、そのころ、夜、アパートの一室に一人坐《すわ》っていると、その何とも得《え》体《たい》の知れない「物」への恐れが私の中に立ち上がって来た。やがて私はこの物の怪《け》に迷い、二十代の半ばから小説を書きはじめた。私の心に立ち迷う生への恐れを医《いや》したい一心だった。A 併し言葉（文字）を取り扱うことは恐ろしいことであり、一つ小説を書くごとに恐れはさらに深くなって、やがて私は小説を書くことを恐れるようになった。】

私が書いて来たのは、私小説だった。

この文章のジャンルは？

はい、**随想**です。

随想で気をつけることは？

論理を追って、作者の心情を客観的に把握することです。

よろしい！　では、冒頭はAかA′か？

A′（作者の体験）から始まった文章です。

そうだね。まず作者は自分の体験A′から始めた。強烈な体験だね。幼いころ取り憑いた「物」が次第に深いものとなり、やがて「私」はそれに恐れを抱くようになる。そして、二十代の半ばから、この物の怪に迷い、それをいやしたい一心で小説を書くことになったんだ。作者が書いてきたのは、「私小説」だった。

先生、「物」って、なんですか？

うん、難しい質問だ。「物の怪」とはうまく言ったもので、「物」とはその「物の怪」のことだよ。

「物の怪」って、お化けみたいな物のことでしょ？

そうだね。でも、この「物」は人間であれば、誰の心の中にも潜んでいるものなんだ。

よくわからないわ。猫の心の中にもいるのかしら？

ミシェル、「物心がつく」っていう言い方があるんだけど、それは子どもが自分の意思を持ち始めたことを肯定的に表現したものだけど、それは見方を変えれば「物の怪」が心の中に潜み始めたことでもあるんだ。

ええっ、どうしてお化けが住みつくの？

人間は、二、三歳のころから次第に他人を意識し始めるんだ。他の子どもよりも自分が愛されたいと思ったり、自分だけが誰よりも褒められたいと思ったり、そのとき**人の心の中には知らず知らずのうちに物の怪が住みつき始めている**のかもしれないけれど、それを「物心がつく」と言うんだ。心に「物」がつき始めたんだね。

あっ、それ、わかる。私が子猫のときでも、私が一番かわいいと思って、それをみんなに認めてもらいたがっていたもの。

うん、それが子どもの頃はまだかわいいが、**それが密かに心の奥底で成長し、やがて得体の知れない物となる**んだ。

だから、人間は自分の欲望に突き動かされて悪いことをしたりするんだ。

なにも犯罪を犯さなくても、人を恨んだり憎んだりさげすんだり嫉妬に狂ったりと、それらはすべて物の怪の仕業かもしれないね。

なんだか、怖いわ。

大半の人は普段日常生活に追われて、自分の心の底に巣くう物の怪の存在に気がつかないか、目を背けて生きているんだが、**ある種の人間は自分の中の物の怪に心を奪われ、目を背けることができない**。作者もその一人なんだよ。

いやだ、そんな人、普通の暮らしなんかできないじゃないの。

だから、作者はその物の怪を懸命にいやそうと、小説を書き始めたんだ。**物の怪を言葉でつかみ出そうと試みる、それが作者にとっては私小説に他ならない。**

読解の公式

◆随想は論理を追って、作者の心情をつかまえよ。

■私小説の世界■

A′ 引用

私小説と言えば、①瀧井孝作の B「小説というのは、自分の考えや生活を一分一厘《りん》も歪《ゆが》めることなく、有りのままに書けばよい。」という考え方が圧倒的な支配力を持っていて、読者の中にも、書かれたものは、それがそのまま事実であると受け取る向きが多い。逆接 併し私小説であろうと何であろうと、小説というのは「虚実皮膜の間」に漾う人が人であることの謎を書くのが本筋であって、そうであって見れば、小説の中には、その本質としてただの与太話、ほら話の要素がふくまれていて、逆接 だが、ほら話にはほら話の面白みがあり、そのほら話が何かのインユ（ア）、あるいは象徴になっている時、意外な人の世の真を伝える場合もあるのである。して見れば、事実を有りのままに伝えるだけでいいということにならないし、またその必要もないのである。

ここから話題は一般の「**私小説**」について。もちろん、それは作者の考える私小説とは大きく性質を異にしている。

先生、私小説って、いったいどんな小説なんですか？

うん、一般に考えられているのは、**瀧井孝作**を代表とする「**自分の考えや生活を一分一厘も歪めることなく、有りのままに書けばよい**」という考え方なんだ。つまり、**自分が本当に経験した**

ことをありのままに書くのが私小説というわけだ。もちろん、作者はこの考えとは異なる考えを持っている。では、ミシェル、次の展開を予想してごらん。

えっ？　いきなりの質問は、反則よ。

作者が自分と反対の意見を持ち出したのは、それを次に否定するためだよ。

あっ、そうか。

作者はまず**小説とは人が人であることの謎を書くものだ**と定義しているね。そして、たとえ事実だと思えるものを書いたところで、それが人の世の真実とは限らないと述べている。

確かに、事実と真実とは違うもの。

それに一つの事実でも、人によっては様々な捉え方ができるものだよ。一方、**虚構（ほら話）を書くことで、そこになんらかの真実を表現することもできる**んだ。

作者と瀧井孝作は、考え方が違うのね。

読解の公式

◆作者が自分と反対の意見を持ち出すとき、あとでその意見を否定する。

■「対立関係」を読み取る■

小説には二つの側面がある。一つは、人の想像力が生み出す世界を書く側面、他は、人の存在の有り様を表現する側面である。実際には一つの小説の中に、この二つの側面が分かちがたく混淆《こんこう》しているのであるが、②三島由紀夫はその晩年に書いた③尾崎一雄論の中で、尾崎の私小説を極めて高くイショウサンし、私小説は「近代日本文学における『存在』の側面だけをガンコに守って来た。」と述べている。三島自身は私小説を書かなかった、あるいは書けなかった人であるが。

ここでも**「対立関係」**が登場するね。作者は小説を二つに分類する。**「人の想像力が生み出す世界を書く側面」**と、**「人の存在の有り様を表現する側面」**とだ。

三島由紀夫って作家は、**尾崎一雄**の私小説を**「人の存在の有り様」を書いてきた**って評価したのね。ということは、作者が考える私小説って、「人の存在の有り様」を書いたものなんだ。

> 小説
> 人の想像力が生み出す世界を書く側面
> 人の存在の有り様を表現する側面 → 私小説

■最近の小説の傾向■

> この二十年ほどは、やれ本格小説だの何だのと言われて、三島が書いたような、人の想像力が生み出す人工的な小説世界、言うなれば有りもしない現実を有るかのように書くことが持て囃《はや》され、基本的に、善悪の彼岸に立ち迷う人の存在の生霊の姿を有りのままに書こうとする私小説は、人に忌まれ、さげすみの標的にされて来た。そのようなゲンセツ（エ）をもっぱらに主導して来たのは、バルザックやゲーテを原書で読める語学力を、自慢顔に云々《うんぬん》する西

洋崇拝乞食たちであった。この人たちは私小説を恐れていたのであった。

最近は、人の想像力が生み出す人工的な小説がもてはやされ、私小説が疎まれてきたんだ。

そうした言説を主導して来たのが、**西洋崇拝乞食**たちだった。

先生、西洋崇拝乞食って？

なんでも西洋の小説をありがたがる小説家たちのことだよ。**彼らは私小説を恐れていた**んだ。

でも、どうして？

■私小説とは何か■

私小説は自己の存在の根源を問うものである。己れの心に立ち迷う生への恐れを問うものである。そうであるがゆえに、生への祈りである。西洋の小説理論という安全座ぶとんの上にあぐらをかいて、それで社会的名士づらをして生きている人にとっては、安全座ぶとんにしがみ付くことこそが大事なのだ。この人たちの多くは「語学」は持ち合わせていても「語《ことば》」が何であるかは知らないのだった。だから私小説は毒虫のごとく忌まれ、さげすみを受けて来たのだった。

逆接

だが、この二十年ほどのあいだ、わが国に行なわれて来た私小説の過半は、実はこの人たちのさげすみを受けて当然のものであった。私小説作家自体が、自己の存在の根源に迫ることを恐れ、毒にも薬にもならない日常の瑣事を、したり顔で書いて来たのだった。そこには己れの存在の出自を問う苦しみもなければ、問うことそれ自体が悪であるという一ト《ひと》かけらの認識もないものであった。

作者はここでもう一度「私小説は自己の存在の根源を問うものである。」と、私小説を定義しているね。そして、「社会的名士づらをして生きている人」は私小説をさげすんできたんだ。

先生、「社会的名士づらをして生きている人」って、「西洋崇拝乞食」のことですか？

うん。日本では難しい西洋理論を振り回している文学者の方が、社会的に高い地位を獲得しがちなんだ。そして、私小説家はさげすまれる。

でも、なぜ「西洋崇拝乞食」は安全座ぶとんにしがみつかなければならないのかしら？

安全座ぶとんはもちろん西洋の小説理論。そこにしがみつこうとしたのは、**彼らが何かを恐れているから**なのだが、それは次の段落を読んでいけばわかるよ。その一方、**人間の存在の有り様を書くはずの私小説家は、毒にも薬にもならない日常の瑣事を書いてきた。**

■私小説の悪■

見た目には日常の瑣事ではあっても、その瑣事が立ち現れて来たことの根源を問うて行けば、やがては日常の底に隠された得体の知れない不気味なものに、じかに触れることになる。当然、それは毒菌にじかに触れるようなことであって、触れることに心戦《おのの》く。併しその時、人の心はその善悪の彼岸に立ち迷う不気味なものの姿に畏敬の念を持たざるを得ないだろう。私小説はその畏敬の念が書かせるのである。そうであるがゆえに、私小説の言葉はどうしても呪術《じゅじゅつ》的にならざるを得ない。併し日常の論理はこの不気味なものに触れることを悪となすことによって成立しており、それゆえにこの掟《おきて》に従う者は、毒にも薬にもならない、さげすみのタイショウ《オ》にしかされない私小説を書いて来たのだった。

さて、なぜ小説家たちが、人間の存在の有り様を書くことを恐れてきたのか。人間の存在の根源を探っていけば、次第に**「日常の底に隠された得体の知れない不気味なものに、じかに触れることになる」**とあるね。

わかった。その正体は成長した物の怪。

そうだね。それを作者は「**その善悪の彼岸に立ち迷う不気味なもの**」と言い換えている。**真の私小説家はそれに畏敬の念を抱く**ものなんだ。

私なら、そんな物の怪、触れたくもないわ。

普通の人間ならそうだよ。なぜなら、**「日常の論理はこの不気味なものに触れることを悪とすることによって成立しており」**とあるように、私たちはあえてそれに触れることなく、何事もなかったように日常生活を送っているんだ。

そりゃそうよ。普段から物の怪に触れてばかりいたなら、普通の生活なんてとてもできないわ。

でも、中には**人間の心の奥深いところ、存在の根源にあるものを思わず凝視してしまう人間がいるんだ。**作者がなぜそれでも物の怪を書くかと言えば、**それこそが人が人である所以**であるからであり、**生の根源**であるからだと述べている。だから、畏敬の念でもって、その物の怪を言葉でいやしてやる必要がある。それ故、**私小説の言葉は呪術的にならざるを得ない。**

人間って、変。

■人間の存在の根源を問う■

併しそのような私小説はある畏敬の念によって書かれるものであるにしても、私小説を書くことは悪であり、書くことは己れを崖から突き落とすことであった。つまり、こういうことはろくでなしのすることであって、言葉によって己れを問うことはあっても、それを文字にすることのない敬虔《けいけん》な人は多くいるのである。して見れば、人の忌むことを確信犯的に、死物狂いに行なうのであるから、これがいかに罪深いことであるかは言うを俟《ま》たない。けれども私の中には人間存在の根源を問わざるを得ない、あるいはそれを問うことなしには生きては行けない不幸な衝迫があり、その物の怪のごとき衝迫こそが、私の心に立ち迷う生への恐れでもあった。

逆接

存在の根源を問うことが日常の論理では悪であるが故に、西洋崇拝乞食たちは西洋の理論という安全座ぶとんにしがみつき、私小説を疎んじてきたし、当の私小説家はさげすまれても仕方がない日常の瑣事を書いてきたんだ。

でも、作者は違った。

うん。作者は人が忌むことを死に物狂いで行う。これが罪深いことだと知っていても、**人間の存在の根源を問わざるを得ない不幸な衝迫が作者にはある。**

理屈抜きね。自分でもどうしようもないんだ。

でも、少し勉強になりました。いつの時代でも人間って、物事を深く凝視する人ほど、存在の根源に触れてしまうんだ。猫って、もっと単純よ。

そうかなぁ。猫の仕草なんか見ていると、僕には意外と人間よりも複雑な感情を持っているようにも思えるけど。

★文章全体の論理構造

小説の二つの側面

人の想像力が生み出す世界を書く側面。

人の存在の有り様を表現する側面。（私小説）

私小説

人の存在の根源を問うもの。

⇐ 日常の隠された得体の知れない不気味なものにじかに触れる。

⇐ 日常の論理では悪とされる。

（だから）

西洋崇拝乞食　西洋の小説理論という安全座ぶとんにしがみつき、私小説を疎んじた。

瀧井孝作などの私小説　自分の考えや生活を有りのままに書く。

（毒にも薬にもならない日常の瑣事をしたり顔で書く。）

作者 ⟷ 日常の論理では悪であると知りながら、存在の根源を問わざるを得ない。

★解法のプロセス

問一　傍線部**ア**〜**オ**は語の一部であるが、これに当たる漢字を、次の各群①〜⑤の中からそれぞれ一つずつ選べ。

ア　インユ
①因　②引　③隠　④韻　⑤印

イ　ショウサン
①賛　②算　③酸　④散　⑤三

ウ　ガンコ
①元　②丸　③含　④頑　⑤願

エ　ゲンセツ
①接　②説　③雪　④節　⑤設

オ　タイショウ
①称　②正　③照　④商　⑤象

基本的な問題ばかりなので、間違いは許されないよ。

はい。

念のために、**ア**〜**オ**の漢字を書いておこう。

ア 隠喩　**イ** 賞賛　**ウ** 頑固　**エ** 言説　**オ** 対象

解答 **問一** **ア** ③　**イ** ①　**ウ** ④　**エ** ②　**オ** ⑤

問二 作者の理想とする私小説に近いものを書いたと推測できる最も適当な人を、文中の波線部①〜⑤の中から選べ。

① 瀧井孝作　② 三島由紀夫　③ 尾崎一雄
④ 社会的名士づらをして生きている人　⑤ この掟に従う者

作者の理想とする私小説は、本文のどこに書いてある？

はい。28行目に「**私小説は自己の存在の根源を問うもの**」とあります。

うん。他にも何度かくり返されているね。こうした文章の要点にあらかじめ線を引いておくと、すぐに見つかるよ。あとは、選択肢。

①「瀧井孝作」は「自分の考えや生活を一分一厘も歪めることなく、有りのままに書けばよい」としている人だから、作者と反対の考えです。②「三島由紀夫」は尾崎一雄の私小説を評価しています。

でも、三島由紀夫自身は「人の想像力が生み出す世界」を書いた作家だから、×。

うっかりだまされそうでした。③「尾崎一雄」は簡単。三島由紀夫の言葉を借りるなら、「近代日本文学における『存在』の側面だけをガンコに守って来た。（20～21行目）」とあるので、作者の考えに近いです。

④「社会的名士づらをして生きている人」は、西洋崇拝乞食のことだから、×。⑤「この掟に従う者」は、毒にも薬にもならない日常の瑣事を書いている私小説作家だから、×。

このように一つ一つの選択肢を、必ず問題文から読み取っていかなければならないね。

解答　問二　③

問三　傍線部Ａ「言葉（文字）を取り扱うことは恐ろしいことであり、一つ小説を書くごとに恐れはさらに深くなって、やがて私は小説を書くことを恐れるようになった」とあるが、その理由として最も適当なものを、次の①～⑤の中から選べ。

①　小説を書くとは、自分の考えや生活を一分一厘も歪めることなく有りのままに書くことであって、その困難さにしだいに気づいてきたから。　瀧井孝作

②　×　事実を有りのままに伝えようとしても、人間にはおおい隠したい秘密の何かがあり、それを暴かれるのは恐ろしいことだから。

③　○　自己の存在の根源を問うことにより、○　得体の知れない不気味なものに触れるが、それは○　日常の論理が受け入れることのできないものだから。

④　自己の根源的なものに触れるには、ナシ　人の想像力が生み出す世界を書かざるを得ず、それは有りもしない現実を有るかのように書くことだから。

⑤　×　己れの中にある不気味なものに触れることによって、私小説が毒虫のごとく忌まれ、さげすみを受けることを恐れたから。

今度は**主旨を問う**問題だよ。なぜなら、**傍線部Aの作者の心情を論証する形で、この文章全体が成り立っている**からなんだ。

そうか。傍線部Aは冒頭付近にあるけれど、文章全体を読まないと解けないのね。

うん、冒頭付近の傍線部は全体の主旨を問うものがどうしても多くなるね。なぜ、作者は私小説を書くことを恐れるようになったかというと、**私小説は自己の存在の根源を問うもの**であり、**それは日常の論理では悪と見なされる**からだよね。では、選択肢を検討してごらん。

はい。①「小説を書くとは、自分の考えや生活を一分一厘も歪めることなく有りのままに書くこと」は瀧井孝作の考えだから、×。②作者は「事実を有りのままに伝えよう」とはしていないから、これも×。④「自己の根源的なものに触れる」のは作者の考える私小説であって、「人の想像力が生み出す世界」を書くことではないから、×。⑤作者はなにも私小説を書くことで「さげすみを受けることを恐れた」わけではないから、×。簡単ね。

⑤は本文のどこにも書いていないね。**本文に書いていないことはすべて×**。

解法の公式

◆本文に書いていないことは、すべて×。

解答　問三　③

問四　傍線部B「『小説というのは、自分の考えや生活を一分一厘も歪めることなく、有りのままに書けばよい。』という考え方」とあるが、作者のこの考え方に対する立場として最も適当なものを、次の①～⑤の中から選べ。

①　瀧井孝作の私小説に対する考え方に、全面的に賛成である。×（イイスギ）

②　瀧井孝作の私小説に対する考え方に、全面的に反対である。

③　瀧井孝作とは異なった私小説の考え方を持っている。○

④　瀧井孝作の私小説に対する考え方に、条件つきで賛成である。×

⑤　瀧井孝作の私小説観に頭では納得しているが、実現できないでいる。×

これが最も難しい設問かもしれないね。

先生、②と③で迷いました。

そうだね。とりあえず他の選択肢を検討しよう。作者は瀧井孝作の私小説に関する考えに否定的なので、①「全面的に賛成」、④「条件つきで賛成」、⑤「頭では納得している」を消去。

ここまでは楽チンね。

さて、②「全面的に反対」か、③「異なった私小説の考えを持っている」かだが、②「全面的」といった例外を許さない言い方があると注意が必要。**イイスギの可能性を疑ってみる**ことだね。

先生、**例外を許さない言い方**って、他にはどんなのがありますか?

「唯一」「絶対」「すべて」「必然」などだね。瀧井孝作の考えは私小説とは自分の考えや生活を有りのままに書けばいいということで、それに「全面的に反対」となれば、「有りのままに書かない」ということになる。ところが、作者はほら話にはほら話の面白みがあり、そのほら話が何かの隠喩となって、意外に人の世の真を伝える場合もあるので、「事実を有りのままに伝えるだけでいいということにならないし、またその必要もない（15～16行目）」と述べているね。

わかった。**作者は事実を有りのままに書くかどうかではなく**、小説には「**人の想像力が生み出す世界を書く側面**」と「**人の存在の有り様を表現する側面**」とがあるとしているので、③「**異なった私小説の考え方を持っている**」が答えよ。

解法の公式

◆例外を許さない強い表現がある場合は、イイスギに注意。

解答 問四 ③

問五 傍線部C「私小説は毒虫のごとく忌まれ、さげすみを受けて来たのだった」とあるが、その理由として最も適当なものを、次の①～⑤の中から選べ。

① 西洋の小説理論という安全座ぶとんの上にあぐらをかき、己れを崖から突き落とそうとしなかったから。

② 人の存在の有り様を表現しようとするあまり、人の想像力が生み出す世界を描くことに劣っていたから。
ナシ

③ 小説というのは、自分の考えや生活を一分一厘も歪めることなく、有りのままに書けばよいという考え方に同調し過ぎたから。
瀧井孝作

④ 西洋の小説理論を理解せず、ひたすら近代日本文学における「存在」の側面だけを頑固に守ってきたから。
ナシ

⑤ 日常の底に隠された得体の知れない不気味なものに触れることが、日常の論理にとって悪とみなされてきたから。
○　○

ミシェル、最初の手順は？

はい。**傍線部前後の接続語をチェック**しました。

よろしい。直前の「**だから**」は？

はい、**その前に理由が来ます**。

だから、**文法的根拠**になる。そこで、傍線部直前を検討すると、「**西洋の小説理論という安全座ぶとんの上にあぐらをかいて**」いる人たちが、「**語**」がなんであるかを知らないことを指しているね。

先生、「**語**」って何を意味するのですか?

その前にある「**自己の存在の根源**」を表現するための言葉のことだよ。西洋崇拝乞食たちはそれを恐れたために、私小説を毒虫のごとく疎んだんだ。

そうか。私小説って「**存在の根源を問う**」もので、それは「**得体の知れない不気味なものに、じかに触れる**」ことであり、「**日常の論理はこの不気味なものに触れることを悪となすことによって成立**(42行目)」していたからなのね。

それを述べているのは、⑤しかない。ミシェル、他の選択肢は?

はい。②「人の想像力が生み出す世界を描くことに劣っていた」とは本文に書いていないので、×。③は瀧井孝作の考えだから、×。④「西洋の小説理論を理解せず」とは書かれていないし、そのためにさげすみを受けたのでもないから、×。先生、①と⑤で少し迷いました。

うん。確かに①は一見正解に見えるかもしれないね。こういった場合は、**選択肢同士を比べて、より適切な方を答えとしなければならない**。これを**相対的判断**と言うんだ。確かに西洋崇拝乞食たちは「己を崖から突き落とそうとしなかった」が、それだけでは彼らが私小説を恐れた理由とはならないから、⑤と比べれば適切とは言えない。

解法の公式

◆選択肢を二つに絞り込んだら、相対的判断。

解答

問五　⑤

問六　作者の私小説に対する考え方として最も適当なものを、次の①～⑤の中から選べ。

①　小説というのは、自分の考えや生活を歪めることなく、有りのままに書くべきである。　瀧井孝作

②　小説には、人の想像力が生み出す世界を書く側面と、人の存在の有り様を書く側面とがあり、前者の方が西洋的である。　ナシ

③　「存在」のみを描こうとした私小説のあり方は、西洋の小説理論からはずれているので、すたれるのは当然である。　ナシ

④　己れの存在自身を問うこと自体が悪であり、それ故私小説が毒虫のごとくさげすまれてきたのは当然である。　×

⑤　私小説とは己れの存在の根源を問うものであり、それを書くことは悪で、己れを崖から突き落とす行為にほかならない。　○　○

これは**全体の内容を問うもの**で、それほど難しくないから、消去法だよ。

はい。①は瀧井孝作の考えであって、作者のものではないから、×。②「**前者の方が西洋的**」とは本文に書かれていないから、×。③「**西洋の小説理論からはずれているので、す**

たれるのは当然」とも書かれていないから、×。④私小説がさげすまれて当然なのは、本来自己の存在の根源を問うべきなのに、それを恐れて毒にも薬にもならぬ日常の瑣事ばかり書いてきたからなので、×。残った⑤が答えです。

よろしい。

解答 問六 ⑤

■解答■

問一 ア③ イ① ウ④ エ② オ⑤ （各２点）
問二 ③ （８点）
問三 ③ （８点）
問四 ③ （８点）
問五 ⑤ （８点）
問六 ⑤ （８点）

DATE　・　・

IDEA

出口のストック

人間の心の奥底をその根源にまで掘り下げれば、得体の知れないものに触れることになる。それはエゴであり、愛欲であり、狂気であり、恐怖であり、それらのどの言葉でも説明がつかない何ものなのかもしれない。

人間とはそうしたものであるなら、それがまさに人間の実存であり、それ故、人はそれを言葉や芸術によってつかみ出そうとしたり、宗教などによって救いを求めたりするのではないか。

それは時代や空間を問わないので、そこに宗教や芸術、哲学などの普遍性が成立する。

語彙力増強一口メモ

★隠喩

比喩《ひゆ》には直接の比喩である直喩《ちょくゆ》と、隠された比喩である隠喩（メタファー）があるが、出題されるのは隠喩の方である。

隠喩を考えるときは、必ずいったん直喩に直すこと。

たとえば、「瞳はダイヤモンド」は隠喩だが、「瞳はダイヤモンドのようにきらきら輝く」は直喩である。

ストックノート	No. 05	テーマ	私小説論

〔題名〕業柱抱き　〔作者〕車谷長吉

要約

小説

人の想像力が生み出す世界を書く。(三島由紀夫)

人の存在の有り様を表現する。(尾崎一雄の私小説)

私小説

自己の根源を問うもの。

日常の瑣事であっても、根源を問うていけば、得体の知れないものにじかに触れることになる。

↓

日常の論理はこの不気味なものに触れることを悪となすことによって成立。

↓(だから)

西洋崇拝乞食 ―― 西洋の小説理論という安全座ぶとんにしがみつき、私小説をさげすんできた。

私小説家の大半 ― 毒にも薬にもならぬ日常の瑣事をしたり顔で書いてきた。

私(作者) ―――― 私小説を書くとは己れを崖から突き落とす行為である。それでも、罪深いことと知りながら、人間存在の根源を問わざるを得ない不幸な衝迫がある。

キーワード

彼《ひ》岸《がん》	生死の迷いを、川・海にたとえた、その向こう岸。悟りの境地をいう ⇔ 此岸《しがん》(悩みの多い、現実世界)
瑣《さ》事《じ》	とるに足らないつまらないこと
呪《じゅ》術《じゅつ》	まじない。超自然的な力を利用して自分の願いを実現すること
敬《けい》虔《けん》	うやまいつつしむ気持ちの深いさま。特に、神仏を深くうやまい仕えるさま
隠《いん》喩《ゆ》	「…のようだ」「…のごとし」などの形を用いず、そのものの特徴を直接他のもので表現する方法。メタファー

06 『省略の文学』 外山滋比古

（別冊問題集41ページ）

私大型問題

先生、いよいよ『**論理入門編 上**』の最後ね。がんばらなくちゃ。

今回は**韻文の俳句**だよ。

先生、俳句って、苦手。たった十七文字だから、作者が何を言いたいのか、さっぱりわかりません。いったいどこが面白いのかしら？

そうだね。俳句に関しては、ある程度の知識がないと鑑賞しづらいかもしれないね。よし、今から俳句への理解を深めるために、少し説明をしようか。

はい、お願いします。

■俳句の自然観■

実は**俳句は中世の連歌がその発端**だったんだ。

連歌？

うん。連歌には主人と客人がいて、主人が最初に五七五を詠む。すると、客人がそれに続いて七七と詠むんだ。

へぇ～、一人で作るんじゃないんだ。連歌って、共同制作ね。

そうだね。**主人が詠む最初の句を発句**といって、**それが後に独立して俳諧連歌**となり、やがては**俳句**と呼ばれるようになったんだよ。ところで、発句は主人が客人をもてなすようにそっと差し出したので、**挨拶の句**とも言うんだ。だって、主人が最初に詠んだ発句があまりにも特殊だと、次に客人が続けにくいからね。

面白いわ。だって、**西洋で生まれた詩は詩人の特異な個性を売り物にしている**じゃない。俳句って、それと逆で、相手のことを想いやっているのね。先生、今、いいことを思いつ

いた。世界中の人が日本の文化を学べば、みんな仲良く平和な世の中になるかもしれないのに。

そうだね。本当にそうなればいいのに。

日本の文化も捨てたもんじゃないんだ。

もう一つ大切なことがあるんだ。日本人は挨拶をするとき、大抵天候の話から始めるよね。今日はいい天気だねとか、明日は晴れるかなって具合に。だから、**発句には季節感を織り込む**のが習わしだったんだけど、発句が独立するに伴って、自然と**俳句に季語が残った**んだ。

日本人って、昔から自然と共生しようとしていたんでしょ?

よく知っているね。**自然は永遠ではなく、春夏秋冬、朝昼晩と、たえず流転していく。俳句はそうした時間感覚の中で、すべてを十七文字に集約した**んだ。

だから、俳句を鑑賞するには季節感が大切なんだ。

★論理的読解

■論理の方向性を読み取る■

> A 切字感覚によって求められている俳句の空間が、どのような表現効果をもつかについてのべてきたが、ここで詩と散文の問題として考えてみよう。
>
> 話題

ミシェル、最初は何を意識して読むんだった？

はい。**Aから始まるのか、A'から始まるのか**です。でも、この文章、どちらなのかよくわからない。

では、冒頭の一文を丁寧に見ていこう。

「切字感覚によって求められている俳句の空間が、どのような表現効果をもつかについてのべてきた」とある。つまり、この文章は途中から始まっているんだ。

切字感覚による表現効果をすでに説明してきたから、今度はそれを**「詩と散文の問題として考**

えてみよう」ということ。

だったら、「**詩と散文の問題**」を意識して読めばいいのですか?

うん。「**詩と散文の問題として考えてみよう**」とあるので、一種の**問題提起**だね。自問自答形式だから、その**答えとなる箇所が筆者の主張A**。

この一文を整理すると、

1　切字の表現効果。

2　詩と散文との関係。

この二点をこれから読み取っていかなければならないんだ。

このように冒頭箇所は丁寧に読むこと。Aから始まるのか、A′から始まるのか。

今回は問題提起から始まったのだけど、このように冒頭箇所を丁寧におさえることで、これから**読み取っていくべき目標をしっかり定める**ことができるんだ。

はい。わかりました。

読解の公式

◆冒頭箇所で論理の方向を見定めよ。

■二通りの解釈■

断切による空間がつくりだされることによって、文法上の破格表現に近い言いまわしが珍しくなくなる。各部の主語・主格が明示されないままに転換するというようなこともしばしばである。(二)芭蕉の、

A′引用

【(三)病　雁　の　夜　寒　に　落　て　旅　寝　か　な】

は、通説のように、「病雁が夜寒に舞い落ちて旅寝をする」その姿に、旅に病む作者の孤独と①アイシュウが二重写しにされていると見るにしても、文法的に旅寝の主語を病雁とするか、そうすれば、正常な語法ということになるが、[A]、「落て」で文脈を切断し、旅寝の主語を別に作者自身と解するかによって、一句の余情はかなり違ったものになろう。「落て」から、「旅寝」へつづけて病雁の主格が及ぶと解するのは、文法的に無理がないだけ散文的平板さに堕するきらいがある。[B]、「夜寒に落て」の主格を病雁とし、「旅寝かな」の主格は作者自身であるというように断わりなしに主格の転換を行なって論理をねじり曲げることによって、「て」のあとの空間が詩的作用を大きくすると考えられる。

先生、またわかりません。「断切」とか「破格表現」とか、聞いたことのない言葉が出てきます。

もし、わからなくても、先を読めば必ずわかってくるよ。ただ**わからない言葉を頭にとどめておくこと**。そうしないと、その先に書いてあっても、気がつかずに読み飛ばしてしまうことになる。

はい。私の頭の中には、今、わからない言葉が渦巻いています。この言葉をとりあえず頭に置いておけばいいのね。

ただ「断切」って言葉は漢字の意味から想像がつくはずだね。「断」も「切」も、ともに「切る」という意味。

そうか。「切断」と同じだ。

筆者の主張は？

切字の表現効果。あっ、わかった。「断切」って、**切字によって句を切ってしまうこと**だ。筆者はそれによって**どのような表現効果があるか**を説明しようとしているんだ。

うん、その具体例が、次に**引用される芭蕉の俳句**なんだよ。

先生、「主語・主格が明示されないままに転換する」と書いてあります。

ということは、次の芭蕉の句を主語を意識して読んでみなければならない。次に、筆者は通説を紹介している。もちろん、筆者が主張したいのは「主語・主格が明示されないままに転換する」だから、**「対立関係」を意識しなければならない**よ。

通説だと、「文法的に旅寝の主語を病雁とするか」とあり、それを「正常な語法」となると述べています。あっ、というと、**「文法上の破格表現」**って、**主語を転換した場合のことなんだ**。「対立関係」から、ピンときたわ。

よくわかったね。主語が変わらないのが、「正常な語法」。それに対して、明示されないまま主語を変換するのは、文法的にはあり得ないから、「文法上の破格表現」。では、「正常な語法」では、この句の解釈はどうなる？

はい、主語が変わらないのだから、この句は「病気の雁が夜に寒さのために落ちてしまい」で、その後の**「旅寝かな」の主語は「病気の雁」**。ということは、この句は**病気の雁の話**

だと思います。

うん、病に冒された一羽の雁が、夜の寒さに耐えかねてすっと地面に落ち、そのまま動かなくなってしまったということだね。

その雁さん、かわいそう。

もちろん、雁が地面に落ちて、寒さに震えじっとしている様子を、「旅寝かな」と読んだのは松尾芭蕉だから、**その雁に自分の姿を重ねている**んだ。

へぇ〜、芭蕉って、旅をしていたのですか？

芭蕉はあるときから生涯旅をし続けた人なんだよ。そのためには家族も財産もすべて捨てなければならない。そうやって孤独なまま旅から旅へ、そして、今、旅に疲れ果てた体を横たえたんだ。そうした自分と重ねたからこそ、地面で動かなくなっている雁を「旅寝」と表現したわけだ。

そうか。**芭蕉が旅に疲れた自分と重ねなければ、「旅」という表現を使うはずがない**ものね。

では、主語が明示されないままに変換された場合は、この句の解釈はどうなる？

はい。「**旅寝**」の主語が「**病雁**」ではなくなるから、あっ、主語は芭蕉だ。

そうだよね。**「病雁の夜寒に落て」の主語は「病雁」で、次の「旅寝」の主語は作者である松尾芭蕉。**今、芭蕉は病気の雁が夜の寒さに耐えかねて、目の前を落ちていくのを見た。それを見た瞬間、旅に病んだ芭蕉は思わず震えながら寝床に入ったといったところかな。

俳句って、たった十七文字だけしかないけど、いろいろな解釈が可能なんだ。

逆に、十七文字しかないから、一つ一つの言葉が重要な役割を演じているんだ。ところが、文法的には「**病雁の夜寒に落て**」と続く、次の文は当然「**病雁**」が主語とならなければならないから、ここでいったん連続性を断ち切る必要がある。

それが**切断**なんだ。

そう。**その役割を演じるのが「切字」**ってわけだ。「**『落て』で文脈を切断し、旅寝の主語を別に作者自身と解するかによって、一句の余情はかなり違ったものになろう**」とあるね。

病雁の夜寒に落て｜（切字）
⇐
連続性（文脈）を切断
⇐
主語を病雁から芭蕉へと変換

■俳句におけるロジックの放棄■

先生、「余情」って、なんですか？

和歌や俳句でよく使われる文芸用語だよ。「情」が「余る」って、書くよね。つまり、和歌や俳句ではぎりぎりまで言葉を絞っていくから、そのために**言葉では説明できない情感があふれることを余情**って言うんだ。さて、筆者の主張したいことはなんだったかな？

え〜と、確か二つあって、一つは「切字の表現効果」、もう一つは「詩と散文との関係」です。

よろしい。**「切字の表現効果」**はもうわかったね。

はい。**連続性を切断することで、主語の変換を可能にしたこと**です。

それを**文法上の破格表現**といったね。もう一つの「詩と散文との関係」だが、ミシェル、詩と散文とではどちらが余情が大きくなると思う？

もちろん詩です。

では、詩と散文とではどちらが論理的な文章だと思う？

それも簡単。散文の方がずっと論理的だと思うわ。

うん。だから、筆者は**主語が転換しない解釈**を**「文法的に無理がない」**と言う一方で、**「散文的平板さに堕する」**と述べ、さらに、**主語が転換したとする解釈**を**「論理をねじり曲げる」**と言いながら、「**詩的作用を大きくする**」と述べている。そして、**それを可能にしたのが「て」という切字**なんだ。

納得。たった一字でも、俳句ではとても大きな役割があるんだ。私ももっと言葉を大事にしなければ。

■詩と散文の関係■

「病雁の夜寒に落て旅寝かな」の主格を一元的に病雁とするか、二元的に病雁と作者と解するかは、「落て」のあとの空間の表現をどう見るかにかかっている。この空間が句末の切字ほどのつよさはなくとも、一種の断切力をもつ「て」によって生じた重要なものと考えるときはじめて、主格の転換が可能になるのである。［C］、こういう［a］的語法をとることは、普通の文章のロジックの放棄を示すものにほかならない。

「落て」のあとの空間で散文の論理を殺して、［D］超ロジックの世界へ表現を引き入れることになっている。俳句の一見非論理性と感じられる語法は、実は月並みの説明的散文性を［ b ］するのに不可欠な方法であるということもできよう。俳句的純粋詩の性質は、この超論理的文法構造と分かち難く結び合わさっている。いわゆる［ c ］の立場から俳句の理解が行なわれるとき、もっとも見失われやすいのが、この論理の放棄による純粋詩性の獲得である。

ここは詩と散文との関係を述べた箇所だけど、もうわかるよね。病雁が旅寝の主語の場合は文法的に正しいけど、そこには病雁という主語が一貫して旅寝までかかっているというロジックにより、散文的になる。**論理的だけど、解釈が限定されてしまって平板さに堕する**ことになるんだ。

論理的だとわかりやすいけど、確かに詩とは違うなって気がするもの。

それに対して、作者である芭蕉が旅寝の主語であると考えると、そこでは明示されないまま主語が病雁から作者へと転換されたことになるね。

すでに「切字」の効果は説明したけど、「て」によって断切したから、「主格の転換」が可能になった。それは「ロジックの放棄」だとして、以下、筆者は「超ロジック」「超論理的文法構造」

とくり返す。

大切なことはくり返されるのね。

うん。そして、そのことによって**純粋詩性を獲得**したことになる。

先生、純粋詩性って、何？

わからなかったら、対立関係を意識してごらん。**散文がロジック（論理）なので、そのロジックを放棄したなら、詩になる**ってわけさ。それが「**純粋詩性の獲得**」。

知らない言葉が出てきても、論理を使えば大丈夫ね。

詩――文法上の破格表現　論理の放棄　余情

⇔

散文――正常な語法　論理の拘束　月並みな説明

■点的表現■

　このようにして俳句は、形式的論理の拘束から脱出することを求める。われわれ読者の解釈作業は、おおむね論理を手がかりとするものであるから、論理を放棄した表現の意味は、動揺してとどまるところを知らない不安定なものになるであろう。散文におけるような意味は、俳句には存在しないといってもよい。俳句がもっているガンチク②は、各人によって各様に異なる解釈を許すようなあいまいさ、したがって、d を湛える。

　この場合、表現は孤立語の漢文の表現がそうであるように、要点のみを非連続に並べたというような構造をもっているから、それらの点をつないで線にまとめるのは、読者の解釈に委ねられている。E 、点の配列は決定的解釈が困難なような構造になっており、それが俳句らしさになるのである。

　点のような表現の各部を解釈にまとめ上げるのには、一般の論理的判断はむしろじゃまになることが多い。論理を超えて「とり合わせ」のおもしろさを見いだすことのできる e 感覚が必要である。この感覚がうまく働くには、表現が決定的合理性をもっていてはまずい。感覚が作用したくともその余地がなくなるからである。俳句には積極的な姿勢においてつくり出された不決定性の、あいまいな構造がなくてはならない。それが俳句の難解さになるの

イコールの関係

だが、俳句の美しさは、そういう難解さと表裏をなすものとしてのみ存在を許されているといっても過言ではない。

散文の場合は、読者の解釈は論理を手がかりとしているね。

はい。もう十分学習しました。

ところが、俳句は切字によって句を切断することで、論理を放棄した表現を獲得したんだ。まさに**「各人によって各様に異なる解釈を許すようなあいまいさ」**が生じることになる。それを筆者は**「決定的解釈が困難なような構造」**と言い換えている。

要は、人それぞれの解釈ができるってことね。

たとえば、「病雁」の句の解釈。

芭蕉は生涯旅をし、旅の途次でいきだおれて一人死ぬことを覚悟していた。そのために家族を捨て、家を捨て、あらゆる執着を断ち切ったはずだった。そして、旅に病み、疲れ果てて、一人仮の宿にたどり着いた。夜、震える寒さの中で、芭蕉はすっと一筋、線を描くように、一羽の病雁が落ちて動かなくなるのを見た。その瞬間、芭蕉は自分がもう一歩も歩けないことを知った。自分の心の中に、ぽっかりと虚無の空間が広がっている。芭蕉は粗末な蒲団に潜り込み、じっと目を閉じた。

私流に解釈すればこうなる。ここであえて私流の解釈を試みたのは、詩がそういった**読者の自由な解釈を許している**からなんだよ。なぜかというと、**ロジックを放棄している**からなんだ。

先生、今まで論理の面白さを学習してきたけれど、逆にその論理を放棄することの面白さもなんだかわかるような気がします。

そうだね。散文がロジックに支配されている限り、読者の恣意的な解釈は許されない。ところが、詩はロジックを放棄しているので、**読者に解釈を委ねる部分が多くなる**。

「俳句がもっているガンチクは、各人によって各様に異なる解釈を許すようなあいまいさ（29～30行目）」、つまり、そこに**余情**が生まれるんだ。

余情の意味が少しわかってきました。

そのためには、**切字の機能が必要**となってくるんだ。いったん論理を切断することで、その後に空間が生まれる。**その空間の解釈をそっくり読者に委ねる**わけで、だから、その空間の表現をどう見るかで、解釈の深さが異なってくる。

たいへん。私の力量が問われるわけね。

俳句は「**要点のみを非連続に並べたというような構造をもっているから、それらの点をつないで線にまとめるのは、読者の解釈に委ねられている**（31〜33行目）」、だから、「**論理を超えて『とり合わせ』のおもしろさを見いだすことのできる**（36行目）」**モンタージュ感覚**が必要なんだ。

先生、モンタージュ写真って、知っているわ。いろいろな顔を合成したりするのね。

そうだね。**詩は作者の独自の世界を表現する**のだけれど、**俳句は作者と読者の共同作業**とも言えるかもしれないね。

■不条理の文学■

A′切字の機能の一つは、ことばの論理的関係を切断することによって、不決定性をはっきりさせることにあるとも考えられる。「古池や蛙飛び込む水の音」は、「古池や」とするこ

例示

とによって、たとえば、「古池の蛙……」に比べて、「古池」と「蛙」の関係が非連続的で、超論理的なものになることは否めないであろう。

先生、また**引用A'**だわ。

うん。芭蕉のあまりにも有名な「古池」の句だね。もちろん**切字の機能を裏付けるための引用**だ。

この句、私も聞いたことがあるわ。でも、蛙がどうのこうので、どこがいいのか、ちっともわかりません。

「古池の、蛙飛び込む　水の音」。これならわかる？

う〜ん、意味はなんとなくわかります。

そうだね。この蛙は「古池の蛙」以外には解釈のしようがない。そして、「蛙飛び込む」は主語と述語の関係だから、古池の蛙が飛び込んだら水の音がしたということ。

わかりやすい。でも、少しも感動しないわ。

これでは散文に過ぎないね。ここでは自由な解釈が拒まれている。このように**論理に支配され、一つの解釈しか許されないのが、散文**なんだ。だから、現代文は論理を追っていけば、答えが一つに決まってくる。

だから、論理的読解が大切なのね。

うん。ところで、今、「古池の」を「古池や」と変えてみる。すると、「古池」と「蛙」との関係が、**「や」という切字によって断ち切られる**ことになる。芭蕉は旅に疲れ果てて、静寂の中で一人身を横たえている。そのとき、確かに古池の蛙が飛び込むかすかな音を聞いたのだ。だが、その古池と、蛙との関係が断ち切られている限り、その蛙は古池の蛙ではないことになる。

それじゃあ、その蛙って、なんなの？

そこには空間が生じ、その解釈は読者に委ねられることになるんだよ。

では、先生はどのように解釈しているの？

芭蕉は確かに蛙の飛び込むかすかな音を聞いたんだ。その瞬間、芭蕉の胸の奥深くにも、一匹の蛙が住み着いていることに気づいた。その蛙が飛び込み、胸の奥深くに水の音が次第に広がっていく、それは芭蕉の中で生じた、一つの波紋である。そして、この句に共鳴した読み手は、自分の中にも一匹の蛙が住み着いていることに気づくんだ。

その蛙って、私の中にもいるかしら?

芭蕉は、それをそのまま読み手に委ねたんだよ。

読解の公式

◆筆者の主張Aと引用A′は「イコールの関係」。

切字によって、ことばの流れが中絶させられ、新しい流れに移る。そこに飛躍が意識されるであろうし、脈絡をつけるにあたってのとまどいも感じられるに違いない。言語表現は平明で誤解の立入る余地のないものがよいとする立場からは、不決定性の俳句表現は消極的見方をされるであろうが、芸術が自然対象のたんなる③モホウではなくて、象徴にあると考えるならば、極端に小さな詩型によって、純粋に詩的なものの可能性をぎりぎりまで追究する俳句の超論理的表現は、きわめて高度の芸術性を主張することができる。ヨーロッパにおいて不条理の文学への開眼が認められつつある現在、俳句のもつ美学は再検討してみたいものである。

筆者はここでヨーロッパ文学をもとに、**俳句こそ不条理文学**だと断定する。そして、今ヨーロッパで不条理の文学が開眼されているのを受けて、**俳句こそまさに最先端の文学**である可能性まで言及しているんだ。

俳句って、本当はすごい文学だったんだ。それに、「古池」の句、「や」というたった一字で散文から詩へと転換したのだから、言葉の魔術みたい。芭蕉さん、感服つかまつりました。

★文章全体の論理構造

散文…正常な語法　論理的　決定的解釈

⇔

俳句…文法上の破格表現　論理性の放棄　解釈を読者に委ねる（余情）

具体例　芭蕉の二つの句

切字の役割

論理を切断することで、主語を転換。

⇐

超論理的なものになる。

⇐

俳句こそ不条理の文学の可能性がある。

問一　傍線部①～③のカタカナを漢字に直せ（楷書で正確に書くこと）。

ミシェルには少し難しいかもしれないが、どれも重要なものだよ。

はい。いっぱい間違えました。

解答　**問一**　①哀愁　②含蓄　③模倣

問二　空欄**A**～**E**に入るものとして最も適当なものを、次の**1**～**5**の中からそれぞれ選べ。

1　いわば　**2**　そして　**3**　それとも　**4**　しかも　**5**　これに反して

接続語の問題だね。**接続語はその前後の文の論理的関係から決定する**こと。

A　旅寝の主語を病雁とするか、作者自身とするか、**二者のうちの一つを選択させる**ものだから、3「それとも」が答え。

B　主語が病雁の場合は、「散文的平板さに堕するきらいがある（11行目）」に対して、主語が作者の場合は、「詩的作用を大きくする（14行目）」とあるので、**前の内容と反対のものを持ち出す**、5「これに反して」が答え。

C　直前の「主格の転換が可能になる（19行目）」と、直後の「ロジックの放棄を示すもの（20行目）」とは、**順接的につながる**ので、2「そして」が答え。

D　直前の「散文の論理を殺し（21行目）」と、直後の「超ロジックの世界（21行目）」は**「イコールの関係」**なので、1「いわば」が答え。

E　直前の「それらの点をつないで線にまとめるのは、読者の解釈に委ねられている（32行目）」と、直後の「点の配列は決定的解釈が困難なような構造になっており（33行目）」は、同時に成り立つことであり、このように**AかつBといった関係が成り立つことを「添加」**と言うんだ。
答えは添加の4「しかも」。

簡単ね。空所前後の論理的関係を考えているうちに、私の頭もなんだか論理的になってくるような気がする。

解法の公式

◆接続語は、前後の文の論理的関係を考えよ。

解答 問二 A 3　B 5　C 2　D 1　E 4

問三 空欄a・b・dに入るものとして最も適当なものを、次の1～6の中からそれぞれ選べ。

1 余情　2 破格　3 消極　4 示唆　5 超克　6 滋味

先生、難しい言葉がいっぱい。

どれも大切なものだから、問四のカタカナ語とともに、整理しておかなければならないよ。

aは、**ロジックを放棄した語法**を、筆者はなんと呼んでいるか、それを答える問題。

これはわかります。3行目に「**文法上の破格表現**」ってあるから**2**が答えね。

bは、**空所の前後を必ずチェック。**

はい。直後に「この超論理的文法」とあります。

「この」は「月並みの説明的散文性を b するのに不可欠な方法」を指しているから、**「超論理的文法」と「イコールの関係」**にあるね。「超」は「超える」という意味だから、5「超克」が答え。

dは、空所直前の接続語をチェック。ミシェル、直前の**「したがって」**は？

はい、**因果の接続語**で、**直前に根拠が来ます。**

よろしい。「各人によって各様に異なる解釈を許すようなあいまいさ（29行目）」を根拠に、1「余情」が答え。

先生、「滋味」の意味がわかりません。

「滋味」は深い精神的な味わいのことで、「余情」と似ているから注意が必要だね。ただし、10行目で「一句の余情はかなり違ったものになろう」と、筆者自身が「余情」という言葉を使っているね。

そうか。**人によって解釈の余地が残っている**ことを、筆者自身が「**余情**」と言っているんだ。

解法の公式

◆「したがって」「だから」は因果の接続語で、その前に根拠・理由が来る。

解答

問三　a 2　b 5　d 1

問四　空欄c・eに入るものとして最も適当なものを、次の1～5の中からそれぞれ選べ。

1　モンタージュ　2　リリシズム　3　オプティミズム
4　リアリズム　5　クリスタル

わぁ〜、カタカタばっかりで目がちかちかする。

「モンタージュ」は、モンタージュ写真から連想できるように、**合成**のこと。

「リリシズム」は**叙情主義**。

「オプティミズム」は**楽観主義**で、対義語は「ペシミズム」で悲観主義。

「リアリズム」は**現実主義**。

「クリスタル」はガラスのことで、評論用語ではないよ。単なるサクラだから、引っかからないこと。

先生、もうわかったわ。
cは、「**論理の放棄による純粋詩性**（25行目）」が失われるのは、**現実重視の立場**からなので、**4**「リアリズム」が答え。
eは、直前の「**とり合わせ**」から、**1**「モンタージュ」が答え。
どう？　まかせておいて。

解答　問四　c　4　e　1

問五　傍線部㈠の中に助動詞がいくつあるか、また、下一段の動詞はいくつあるか、それぞれの数字を漢数字で答えよ。

文法問題は、先生におまかせしますわ。

はいはい。

助動詞とは付属語で活用するもの。ちなみに付属語で活用しないものを、助詞と言ったね。助動詞は、受身の「求め**られ**て」、様態の「どの**ような**」、過去の「のべてき**た**」、意志の「考えてみ**よう**」の四つ。

動詞の中で**助動詞の「ない」が「え」段の音に付くのが、下一段活用の動詞。**「求**め**ない」「の**べ**ない」「考**え**ない」がそれ。

解答　問五　**助動詞**　四　**下一段の動詞**　三

問六　傍線部(二)「芭蕉」に関係があるものを、次の**1**～**5**の中から一つ選べ。

1　幽玄　**2**　無常　**3**　有心　**4**　写生　**5**　風流

わぁ～、これもわかりません。

文学史、文芸用語の問題で、知らなければ解けないよ。どれも大切だから、きちんと記憶しておくようにね。

はい。でも、猫に文芸用語なんて必要かしら。

「幽玄」「有心《うしん》」は歌論によく登場する言葉。和歌を評価するときに使われるよ。**「無常」**は知っているよね？

無常観のことなら、『平家物語』の「諸行無常の響きあり」を知っています。

ほおぅ、大したものだな。**「無常」**の意味は、**この世のあらゆるものが永遠ではない**こと。**「写生」**は**正岡子規**の言葉で、**ありのままに写すという俳句や短歌の方法論**。こうした文芸用語は深い内容を持っているから、簡単に説明することは難しいな。また学者によっても様々な説があるんだ。

残った**「風流」**が、**芭蕉の言葉**ですか？

その通り。芭蕉は旅を手段として、いかに現世の執着を断ち切り、自然と一体化するかを考えたんだ。その**自然と一体化した境地を「風流」**と名付け、それを文学に定着させようとしたんだよ。

解答 問六　5

問七　傍線部㈢「病雁の夜寒に落て旅寝かな」の句における「て」の役割を、文中の語を用いて二十字以内で答えよ。

切字の役割は、文章の中で何度も出てきたのでわかります。

うん。大切なのは書くべきポイントを数えて、それをまとめ上げること。ポイントは二つ。

①断切すること。

②主格の転換を図ること。

この二点をまとめたのが答えだけれど、**「文中の語を用いて」**という条件を見落とさないこと。

二つのポイントは、文中の語で書けばいいのね。

最後は「役割」で終わること。

解法の公式

◆「文中の語」を用いる記述式問題は、「文中の語」が書くべきポイント。ポイントを数え上げて、それをまとめていく。

解答

問七　断切力をもって、主格の転換を図る役割。（19字）

問八 傍線部㈣「論理の放棄による純粋詩性の獲得」の説明として最も適当なものを、次の**1**～**5**の中から選べ。

1 主格を転換させることで散文の論理を殺し、月並みの説明的散文性を脱し、純粋な合理的表現を成就する。

2 破格的語法をとることにより、主格を転換させ、論理的文法構造に分かち難く結び合わさった詩的表現を成就する。

3 非論理性と感じられる語法により、主格を転換させ、形式論理学の拘束から脱出して、曖昧さを排除する詩的表現を成就する。

4 主格を転換させることにより、要点をつなぐ見えない論理を駆使し、純粋に詩的なものの可能性を追究する表現を成就する。

5 破格的語法をとることでロジックを放棄し、月並みの説明的散文性を脱し、各人によって異なる解釈を許すような、余情をたたえた表現を成就する。

先生、頭がクラクラしてしまいました。

大丈夫。見かけ倒しで、一つ一つ消去していけば、それほど紛らわしい選択肢はないよ。まず傍線部の意味だけど、「**論理の放棄**」は**破格的語法によって、主格の転換を図った**こと。その結果、**ロジックを放棄することで、読者に解釈の余地を残した**ことを筆者は「**純粋詩性の獲得**」と言っていたね。このことを説明しているのは、5しかないね。ミシェル、あとの選択肢はどこが間違い？

はい、やってみます。1「合理的表現を成就」、2「論理的文法構造に分かち難く結び合わさった」、3「曖昧さを排除する」は、どれも「論理の放棄」とは真逆なので、×。4「要点をつなぐ見えない論理を駆使し」とはどこにも書かれていないから、これも×。あっ、本当。簡単だ。

解答　問八　5

問九　本文の内容と合致するものを、次の1～5の中から一つ選べ。

1　「病雁の夜寒に落て旅寝かな」の句の解釈は、旅寝の主格を「病雁」にしたほうが文法的に無理がなく妥当である。×

2 「病雁の夜寒に落て旅寝かな」の句の解釈は、旅寝の主格を作者自身にしたほうが超ロジックの世界へ表現を引き入れることになって余情が深まる。

3 「古池や蛙飛び込む水の音」は、切字によって、ことばの流れが中断し、飛躍が意識され、無常感が増幅される。 ナシ

4 俳句の表現は要点のみを非連続に並べるべきで、それには決定的合理性が不可欠である。 ×

5 俳句は余情を積極的な姿勢において作り出すことが必要なので、そのためには不決定性の構造があってはならない。 逆

これも**消去法**だね。

はい。**1**は迷ったので、後回し。**3**「**無常観が増幅される**」とはどこにも書いていないから、×。**4**の俳句は確か「**積極的な姿勢においてつくり出された不決定性の、あいまいな構造がなくてはならない**（38行目）」とあったので、「**決定的合理性が不可欠**」は逆です。

5「**不決定性の構造があってはならない**」も、逆ね。

迷ったら、保留は、正解だよ。そうやって選択肢を絞り込んでいけばいいんだ。

でしょ？

1と**2**だけど、**1**は確かに紛らわしいね。旅寝の主格を「病雁」にしたなら、正常な語法だとは書いてあるけど、その方が「無理がなく妥当」だとは書いてないよ。逆に、**俳句は主格を転換することで、散文ではなく詩になり得た**のだから、×。それに対して、**2**はどこもおかしいところがないね。

解法の公式

◆確実に消去できるものから検討し、紛らわしいものは後回しにせよ。

解答

問九　2

問十　散文と俳句における表現の違いを、文中の語句を用いて五十字以内で説明せよ。

わぁ～、五十字も書かなければいけないの。

これくらいで驚かないこと。「**説明せよ**」とあるので、これは**「説明問題」**なんだ。

先生、「説明問題」って、どうやって解けばいいのですか？

書くべきポイントを数えること。**「文中の語句を用いて」**とあるから、大抵は**その語句がポイント**になるんだよ。他の記述式問題と異なるのは、文中の語句を用いながら、自分の言葉でそれらをまとめ上げなければならないこと。

ええっ、難しそう。

うん。単に文中の語句をつなげるだけではいけないんだ。設問に対して、**筋道を立てて答えなければならない**。今回は「**表現の違い**」を説明するのだから、「散文が～に対して、俳句は～である。」あるいは、「散文と俳句とは〜が異なる。」といったまとめ方をすればいい。そうやって、筋の通った文章を書いていくんだ。

この場合の**筋道は「対立関係」**ってことね。

うん。ミシェルもだいぶ論理的になってきたね。では、文中の語句の論理的関係を整理してみよう。

> 散文＝論理（ロジック）・決定的
> ⇔
> 俳句＝超論理（論理の放棄・超ロジック）・不決定性（あいまい）・
> 読者に解釈を委ねる（余情）

これらの語句を論理的に組み立て直して、自分の言葉でまとめていくんだ。

解法の公式

◆説明問題は、筋道を立てて答えること。
◆「違い」を説明するときは、対立関係を意識せよ。

解答

問十　散文は論理により解釈が決定されるのに対して、俳句は論理を放棄することで、読者に解釈を委ねようとする。（50字）

■解答■

問一　①哀愁　②含蓄　③模倣　（各2点）
問二　A3　B5　C2　D1　E4　（各1点）
問三　a2　b5　d1　（各2点）
問四　c4　e1　（各2点）
問五　**助動詞**　四　**下一段の動詞**　三　（各2点）
問六　**5**　（4点）
問七　断切力をもって、主格の転換を図る役割。（19字）（5点）
（「断切力」2点、「主格の転換」3点）
問八　**5**　（4点）
問九　**2**　（4点）
問十　散文は論理により解釈が決定されるのに対して、俳句は論理を放棄することで、読者に解釈を委ねようとする。（50字）（8点）
（散文…「論理」2点、「解釈が決定」2点
俳句…「論理の放棄」2点、「読者に解釈を委ねる」2点）

DATE　　・　・

IDEA

出口のストック

形象化という言葉がある。本来「形を与える」ということだが、それは形がないものに形を与えるということである。

物事の本質を突き詰めれば、05の文章での「物の怪」のごとく、形がないものに出くわしてしまう。それは目に見えないし、人にわからせることもできない。そこで人は形象化を図るのである。

たとえば、「神」や「仏」は形がないからこそ、私たちは「教会」「十字架」「祭壇」「仏像」などの形を求めるのだし、「愛」も目に見えないから、アクセサリーやプレゼントなど、形でそれを表現しようとする。

芭蕉の心の奥深くにある、得体の知れない何ものかも形を持っていない。だから、人に伝えることはできないし、それは移ろいやすいものとなる。そこで、「蛙」という形象でもって、その得体の知れないものを表に引っ張り出したのではないか。

芭蕉の胸の奥深くに一匹の蛙が住み着いているのである。そのとき、芭蕉の句は、普遍的な芸術性を獲得したのかもしれない。

語彙力増強一口メモ

★対象化

自分で自分の顔を見ることはできない。自分の顔を見ようとする自分は主体、そして、見られる自分が対象（客体）である。なぜ自分の顔が見えないのかというと、見ようとする自分と、見られる自分との距離がないからである。

では、どうすれば自分の顔を見ることができるのか。答えは簡単で、鏡を見ればいい。すると、見る自分と鏡に映った自分との間に距離ができる。それが対象化である。

たとえば、日本人は自然と一体化しようとした。それに対して、西洋では自然を対象化し、その規則性、法則性を発見した。それが自然科学であるが、一方、自然を対象化するためには、観察者たる人間は自然の外にいなければならない。それは人間が自然を超えた存在だと見なすことであり、それが可能だと信じたことに対して、今や自然から手痛いしっぺ返しを食らっている。

ストックノート	No. 06	テーマ	俳句論

〔題名〕 省略の文学　〔筆者〕 外山滋比古

要約

問題提起

切字による俳句の表現効果を詩と散文の問題として考えよう。

A′　病雁の夜寒に落て旅寝かな

「旅寝」の主語が病雁 … 正常な語法　論理的　散文的

「旅寝」の主語が作者 … 主格の転換　論理の放棄　決定的解釈が困難

→空間の詩的作用が大きい（余情）

主格の転換には、切字「て」による作用が大きい。

A　俳句は論理の拘束から脱出することで、各人によって各様に異なる解釈を許すようなあいまいさ、余情をたたえる。

→切字の機能 … 言葉の論理的関係を切断することで、不決定性をはっきりさせる。

A′　古池や蛙飛び込む水の音

切字「や」が、「古池」と「蛙」の関係を非連続的で、超論理的にする。

B　ヨーロッパにおいて不条理の文学が認められつつある現在、俳句の芸術性は再検討するべきである。

キーワード

通念	世間一般に共通して認められている考え
概念	物事の大雑把な意味内容
観念	頭の中の考え。「あなたの意見は観念的だ」という場合は、頭の中だけで考えた意見で、現実を直視していないといったマイナス的な表現
抽象	共通するものを抜き取ること。対義語は、具体
不条理	道理に合わないこと
対象化	距離を置いて物事を捉えること

おわりに

本書は単に答えを導くのではなく、どのように文章を読み、どのように問題を解くのか、そのときの私の頭の使い方をなるべく再現しようと、そのために猫との対話という形式をとった。現代文では同じ文章、同じ設問が出題されることはない。それ故、どのような文章でも論理的に読み、どのような設問でも論理的に解ける読み方、解き方こそが大切なのである。

本書の読解法は副産物が生まれてくるのだが、実はこの副産物の方が重要であるように私には思える。つまりそれは、すべての教科の土台となる論理力であり、生涯に渡って活用できる日本語の処理能力である。そして、考えることの面白さ。

そのためにはより多くの良質の問題を、同じ読み方、同じ解き方でトレーニングしなければならない。一冊の問題集を解いたところで、論理的な読み方、解き方がわかっても、それを身につけたことにはならないからだ。そこが現代文と他の教科との決定的な違いである。

本書は『論理入門編 上』と銘打っているが、徹底的に考えるということにおいては、もしかすると決して簡単ではないかもしれない。入門というより、むしろ**ものの根本を示した本**とも言える。

だが、本書で取り上げた問題自体は決して難易度の高いものではない。今はまだフォーム固めの段階であり、この時期は簡単な問題にじっくりと取り組むことが効果的なのである。

君たちには時を移さず、**『論理入門編　下』**に進んでほしい。『論理入門編　上』では読みやすい文章ということで、抽象度の高い評論は避けて、比較的簡単な文章である随想を多く取り上げている。**一見、論理とは無関係に見える文章の背後にある論理を、徹底的に意識して読み取っていく**ことで、論理力の基礎を身につけやすいと考えたからだ。

『論理入門編　下』では、いよいよ抽象度の高い評論問題を読み解いていく。さらに、その**知的世界の面白さ**を十分に体感してもらおうと思う。きっと**論理的読解のすごさ**を実感できるに違いない。

出口　汪

著者紹介

出口《でぐち》　汪《ひろし》

1955年東京生まれ。


関西学院大学大学院文学研究科博士課程修了。広島女学院大学客員教授、論理文章能力検定顧問、「希望あふれる日本を実現する委員会」顧問、東進衛星予備校講師。出版社「水王舎」の代表取締役でもある。多数の受験参考書がベストセラーとなり、入試現代文の指導者として圧倒的な支持を得ている。

「すべての土台は言語である」と考え、「論理力」育成の画期的なプログラム『論理エンジン』を開発。多数の学校が正式採用している。現在も、『論理エンジン』の普及と日本の教育の改革を目指し、全国で講演・指導をしている。まさに、論理で世直しに挑む現代文のカリスマなのである。

主な著書に、『システム中学国語』『システム現代文』（小社）、『出口汪の日本語論理トレーニング』（小学館）、『源氏物語が面白いほどわかる本』（中経出版）、『教科書では教えてくれない日本の名作』（ソフトバンク新書）、『出口汪の論理的に考える技術』『出口汪の論理的に話す技術』『出口汪の論理的に書く技術』『出口汪の「すごい！」記憶術』『出口汪の「好かれる！」敬語術』『頭のいい子を育てる技術』（ソフトバンク文庫）、『奇跡の記憶術』『「考える力」を身につける本』（フォレスト出版）、『超訳 鷗外の知恵』（ディスカヴァー・トゥエンティワン）、『あなたも突然、上手に書けるようになる』（経済界新書）など多数。

STAFF

カバーデザイン　panix　斎藤 啓一
本文DTP　株式会社 ビーシーエム
イラスト　THE世界図案室　アサリ ショウゴ　タカヤマ レイナ
編集担当　江沢 規予　西森 景子

出口の好きになる現代文　論理入門編 上

2013年3月21日　初版　第1刷発行
2013年10月7日　　　　第2刷発行

著　者　出口　汪
発行人　出口　汪
発行所　株式会社 水王舎
〒160-0023　東京都新宿区西新宿6-15-1
TEL 03-5909-8920　FAX 03-5909-8921
印刷所　日新印刷株式会社
製本所　有限会社 穴口製本所

ISBN 978-4-86470-000-9

出口の好きになる

現代文

論理入門編　上

別冊問題集

もくじ

＊本書で取り上げている01～04の問題は入試問題、05・06の問題は創作問題です。

01

『善悪は実在するか』 河野哲也

（解説は本冊25ページ）

制限時間 20分

次の文章を読んで、後の問いに答えよ。

そもそも、法的なものとは何であり、どのような働きをするものだろうか。十九世紀に入るまでヨーロッパに存在していた、動物裁判という奇妙な制度を取り上げて、法的なものの本性を明らかにしてみよう。

動物裁判とは、文字通り、人間に害を与えた動物や昆虫などをその地方の慣習法によって裁判にかけることである。十二世紀から十八世紀まで、ヨーロッパ各国、とくにフランスで頻繁に行なわれた。[a]は、イヌ、ウシ、ブタ、ネズミ、モグラなどの哺乳類だけでなく、ニワトリやスズメ、ハエやイモムシ、ナメクジ、ミミズに至るまで、ありとあらゆる害獣・害虫に及んでいたという。[b]・弁護の双方から犯罪の証拠が吟味され、人間とまったく同じ訴訟手続きを踏んで[c]され、刑が執行された。

たとえば、文学研究者のエヴァンスによれば、一三七九年のペリノ・ミュエでは、ブタの群れが興奮し、三匹のブタが豚飼いの息子に突進してケガをさせ、それが原因で息子は死んでしまったという。三匹は法的裁判の後に死刑を申しつけられたが、殺人現場に集まって大声をあげていた他のブタたちも共犯として逮捕され、処刑された。あるいは、バッタの大群に「ぶどう園と畑から立ち去り、損害を与えてはならない」との宣告が出されたり、ある地方の大麦を「食い荒らし(ア)カイメツさせた」罪でネズミが裁かれたり（彼ら被告人は、指定された日に法廷に出頭しなかったそうである）、教会内でおしゃべりをしたためにスズメを訴追したりしていた。現代の私たちには滑稽《こっけい》に思えるが、当時の人びとは真剣だった。

これらの動物裁判は、被害者である住人が[d]して、それをその土地の領主や司教なりが裁判官となって引き受ける。しかし同じ時代の神学者や法学者たちは、動物裁判を馬鹿げたものと見ていたようである。十三世紀後半に当時の慣習法を成文化した法学者のボーマノワールは、動物裁判を「無意味なこと」と断じ、動物の犯罪の責任を負うべきは所有者であると主張する。やはり十三世紀のスコラ哲学者のトマス・アクィナスも、理性分別のない動物は罪を犯すことも罰せられることもできないと論じた。つまり裁判を実施していた人びとと知識人のあいだにはギャップがあったわけであるが、彼らが真剣に反駁《はんばく》しなければならないまでに動物裁判は普及していたのである。

私たち現代人には、動物裁判など愚かに思われる。害獣や害虫は端的に駆除すればよいのであって、なぜ裁判にかける必要があるのか。その不可解な行為の動機と理由を知りたくなる。しかしその前に、こう問い直してみることも可能ではないだろうか。

動物を裁判にかけることがナンセンスなら、なぜ人間を裁判にかけることはナンセンスでないのだろうか、と。もしかすると本当は、同じほどナンセンスなのではないだろうか。

先のボーマノワールとトマス・アクィナスの解答は、「動物には思慮分別・理性がないが、人間にはある、だから人間を裁判にかけることはおかしなことではない」というものである。しかし、1なぜ理性があると裁判可能なのであろうか。なるほど、人間は他の動物よりも認識力に優れており、罰せられると分かれば、その行為を控えようとするだろう。だが裁判とは、そうした[e]な意味から発生したものだろうか。もちろん、現代社会では[e]な目的のために法が制定されている。運転免許の取得には、交通(イ)ホウキの勉強が義務づけられている。ホウキを守ってもらうためである。「刑罰の目的は、罪を犯した人の処罰によって、世人一般に、また受刑者本人に、犯罪が引き合わないことを知らせて、犯罪を未然に予防するという点に求められるのが普通である」と言われる。

〔A　もしそうであるならば、私たちには法律についてもっと知らされる機会があってよいはずだろう。〕〔B　こう考えると、動物裁判こそが、法の根源的機能を表現していると言えるのではないだろうか。〕〔C　この点においては、動物も人間も違いがない。〕〔D　しかし、予防が法の根源的な機能と言えるだろうか。〕〔E　現実には、その法を知っていようがいまいが、それを犯した者は罰せられるのだ。〕

文学研究者のエヴァンスは、動物裁判に関して興味深い報告をしている。それによれば、動物裁判はじつはヨーロッパの中世だけに行なわれたのではなく、古代ギリシャにも見出される制度である。プラトンの『法律』には次のような記述が見られる。「もし動物が、荷を運ぶ動物でも、その他の動物でも、誰かを殺した場合は、（中略）近親者は、その動物を殺人のかどで訴えるべきである。そして近親者から指名された地方保安官が、（中略）裁判を行なって、その動物に罪がある場合は、これを殺して、国土の境界の外に投げ棄てるべきである」。

それだけではない。ギリシャ人は、人に倒れ掛かってその人を殺した側柱や、殺人の道具になった刀、人を引いた馬車などの無生物までも裁判にかけ、国外に追放した。（中略）さらに言えば、無生物への裁判は古代ギリシャだけの変わった風習ではない。エヴァンスの集めた資料によれば、『コーラン』[注]の中にも、中国やロシアの比較的に近代の判例でも、剣、銅像、偶像、鐘のような無生物への裁判が見出せる。

生命のない物体も裁判にかけられていたのであれば、裁判はもともと犯罪の抑止や予防を目的としたものではないことになる。裁判は、[2]人間・動物・物の将来における行動には何の関心もなかったのだ。

それでは、法の適用は何のために行なわれるのだろうか。犯人の処罰であろうか。もちろんそうだろう。しかしそれだけならば、動物は端的に処分すればよく、物に対してはわざわざ処分の必要もない。法的行為には処罰以外の意味があるはずである。法のもとで人間も動物も事物も等しく裁かれる、ということの意味は、処罰だけでは説明がつかない。

進化心理学者のハンフリーはエヴァンスの歴史研究を解釈しながら、古代ギリシャ人と中世ヨーロッパ人が共通にもっていたのは、無法状態・無秩序への恐れだ、と指摘する。[3]それは、単に法を破る者がいるという恐怖ではなく、法そのものが存在しないことへの恐怖である。裁判所の仕事は、犯罪の予防や抑止ではなく、また単なる処罰でもなく、「混沌《こんとん》を飼い慣らし、偶然の世界に秩序を導入すること」にあった、ということになる。

注　コーラン――イスラム教の聖典。

問一　二重傍線部(ア)「カイメツ」の「カイ」と同じ漢字を使うものを、次の①～⑤の中から選べ。

① カイ中に札束を忍ばせている。
② 宗教上のカイ律に触れる。
③ これが模範的なカイ答の例である。
④ 蚊はマラリアを媒カイする。
⑤ 風俗カイ乱のかどで罰せられる。

［解答欄］

問二　二重傍線部(イ)「ホウキ」の「キ」と同じ漢字を使うものを、次の①～⑤の中から選べ。

① 非正キ雇用の割合が高まった。
② ゴミの不法投キが問題になっている。
③ 皆キ日食が話題を集めた。
④ 民衆蜂《ほう》キの伝統がある。
⑤ 勝キを逸する。

［解答欄］

問三 空欄a〜dに入る語句として最も適当なものを、次の①〜⑦の中からそれぞれ選べ。

① 被告　② 検察　③ 審理　④ 告訴

⑤ 処刑　⑥ 解釈　⑦ 制定

［解答欄］ a　b　c　d

問四 傍線部1「なぜ理性があると裁判可能なのであろうか」とあるが、その理由と関係のないものを、次の①〜⑤の中から一つ選べ。

① 理性がある人間は成文化された法律を学ぶことができる。

② 理性がある人間は法に触れる行為を思いとどまることができる。

③ 理性がある人間は犯した罪にどれくらいの罰がついてまわるか計算できる。

④ 理性がある人間は裁判所から出頭を命じられた場合、そうすることができる。

⑤ 理性がある人間は法の根拠が何であり、いつ誰がそれを定めたのかを知ることができる。

［解答欄］

問五　二箇所の空欄**e**には同じ言葉が入る。最も適当なものを、次の①〜⑤の中から選べ。

①　予防的　②　互酬的　③　理性的　④　教育的　⑤　功利的

［解答欄］

問六　A〜Eの文を正しい順序に並べ替えるとどうなるか、最も適当なものを次の①〜⑤の中から選べ。

①　D・A・E・C・B　②　A・C・E・B・D　③　B・D・E・A・C

④　C・D・A・E・B　⑤　E・A・B・C・D

［解答欄］

問七　傍線部**2**「人間・動物・物の将来における行動には何の関心もなかったのだ」とあるが、なぜか、最も適当なものを次の①〜⑤の中から選べ。

①　当時の人々の主要な関心事は、将来をどうするかでなく過去の行為にどう責任をとるかだった。

②　いったん処罰されたものはその後に同じ罪を犯すはずはないということが当然視されていた。

③ 古代・中世の人々は、起こりうる犯罪を未然に防ぐことよりも、すでに罪を犯した者に対し残酷な処罰をもって報復することを重視した。

④ 安全を確保するためには、将来の犯罪を防ぐことよりも、いちど罪を犯した者を国外に追放する方がより有効だと考えられた。

⑤ 裁判を罪を犯す可能性のある存在の判断や意思に働きかけて犯罪行為を未然に防ごうとしていたわけではない。

[解答欄] □

問八 傍線部**3**「それは、単に法を破る者がいるという恐怖ではなく、法そのものが存在しないことへの恐怖である。」とあるが、以下の①〜⑤の文について、この内容に適合するものには○、適合しないものには×をそれぞれ付けよ。

① 凶悪犯罪が増加傾向にあることに対する恐怖。

② 時代や社会意識とともに変化する価値観や法にすばやく適応しなければならないという恐怖。

③ 何が善であり悪であるかを判断し決定することができなくなるという恐怖。

④　実際の犯罪を放置する以上に、人間の内なる悪を放置することになるという恐怖。
⑤　行動を律する規範が収益性や効率性のみとなって、社会全体から倫理観が薄れていくことに対する恐怖。

［解答欄］　①　②　③　④　⑤

問九　筆者はこの文章の結論を導くために、なぜ「動物裁判」という奇妙な制度を取り上げたのか、最も適当なものを次の①～⑤の中から選べ。

①　現代人の思考様式が古代・中世の人々の思考様式よりも論理にかなっているとは限らないため。
②　古代・中世の人々は、悪に対して必ず報復しなければならないほど強い感情をもっていたことに新鮮な驚きを感じたため。
③　古代・中世の人間と動物との関係は現在のそれとは異なっているが、にもかかわらずその感覚は現代の法の観念と無関係ではないため。
④　現在行き渡っている常識を覆すような制度を通して、一般に理解されているのとは異なる法の根源的な機能を照らし出そうとしたため。
⑤　人間を裁判にかけることは、ある意味で動物裁判と同じほどに不当で不可解であるかも

しれないため。

［解答欄］

02

『大人は誰もが昔は子どもだった』

近藤浩章

（解説は本冊94ページ）

制限時間 **20分**

次の文章を読んで、後の問いに答えよ。

「大人は誰もが皆、昔は子どもだったこと」これは、フランスの小説家、サン＝テグジュペリが書いた不朽の名作『星の王子さま』の、ひとつのテーマでもあります。サン＝テグジュペリの没後、六十年が過ぎた三年前から、版権の開放を待ち構えていたかのように、次々と新しい出版物が刊行され始めました。

僕もこの日を待ち構えていたひとりで、大学卒業後から、ライフワークのように長い歳月をかけて継続してきた翻訳を、いつの日か自分なりにまとめてみたいと思って来ました。

そして、僕が音楽家としてやり続けている、朗読と生《なま》楽器演奏を融合したエンターテインメント『音楽朗読劇』のステージで、この『星の王子さま』を「朗読と音楽」で表現してみようと考えていたのです。

古くからこの本を自らのバイブルとしていた人も、タイトルこそ知ってはいたものの内容はあまり知らなかった人も、昔読んだことはあるけれど、その奥深さと意外なまでの難解さに、一度は本を閉じて本棚に置いてしまっていた人も、最近書店で初めて知った人も、本ではなくて他のメディアを通じて知っていた人も……、そのあらゆる人々が『星の王子さま』を今手にした時、この作品が僕たちに語りかけてくれる言葉、それらのひとつひとつは、過去という時代がいつしかどこかに、何か大切なものを忘れてきてしまったことを、教えてくれていると感じずには居られないはずです。

この作品には、沢山のメッセージが至る所に秘められていて、それは時代を超え、国を超えて、我々人類に強く語りかけてくれています。

「大事なものは、決して目に見えない」

「心で見なけりゃ真実は見えない」

「愛するということは責任をもつということ」

「飼い慣らすということは、時間をかけて絆《きずな》をつくってゆくということ、そしてお互いがかけがえのない、世界でただひとつの間柄となってゆくこと」

「大人は誰もが皆、昔は子どもだった」

『命』が『 A 』のように粗末で希薄な存在になってしまった時代に生きる僕たちは、人間の何を信じて何を疑って生きてゆけばいいのでしょうか。

親が子を、子が親を、夫が妻を、妻が夫を、教師が生徒を、生徒が教師を、恋人が恋人を、親友が親友を、他人が他人を、いとも容易《たやす》く、いとも安易に、尊い命や人格を奪ってしまう時代。「かけがえのなさ」のかけらもそこにはなく、「生命への感謝や慈しみ」もそこにはありません。人は決して一人では生きられない、ということを忘れてしまって「 B 」の存在よりも「 C 」

のことだけを優先してしまう風潮は、いつ頃からでしょうか？

僕が子どもの頃、学生時代、そして社会に出たての頃、そこにはいつも競争はあったし、戦いもありました。

しかしその戦いは、 D を知るための戦いであって、 E を押しのけたり蹴落としたりする戦いでは決してなかったと思います。 F が何たるかを知ることこそが G との関わりの第一歩であり、始まりだと思うのです。

元気な人間が悩んでいる人間を労《いた》わり、健康な人間が病んでいる人間を思いやる、健常な人間が障害のある人間をリカバリングし、お金持ちが貧しい人間を援助する、そしてその関係はいつ逆転するのかも知れないというのが人間の人生であり、生きてゆくということなのだと思います。

自分を知ること、そしてその[2]唯一無二の自分自身を愛おしく思うことこそが、「他者」を思いやることへの始まりに違いありません。

「子ども」だった誰もが、「大人」になって、「子ども」だったことを忘れてしまう、昔から「大人」だったかのように。

H

[3]『星の王子さま』が僕たちに教えてくれることは、どれも当たり前のことなのですが、人生を生きてゆく中で、いつしか「大人」であるために必要なことばかりに気を取られてしまって、本当に大事なことをつい見失ってしまう僕たちに、大きな警鐘を鳴らしてくれているのだと思います。

僕が『星の王子さま』と出会ったこと、これは、僕が「昔、子どもだったこと」をいつまでも忘れないために、とても大切なことだったのです。

問一　傍線部**1**「お互いがかけがえのない、世界でただひとつの間柄」の例として論旨と合わないものを、次の**イ**～**ホ**の中から一つ選べ。

イ　親と子　**ロ**　大人と子ども　**ハ**　自分と他者

ニ　夫と妻　**ホ**　恋人と恋人

［解答欄］

問二　空欄**A**に入る語として最も適当なものを、次の**イ**～**ホ**の中から選べ。

イ　コトバ　**ロ**　ミズ　**ハ**　ココロ　**ニ**　クウキ　**ホ**　モノ

［解答欄］

問三 空欄**B**・**C**に入る語の組み合わせとして最も適当なものを、次の**イ**〜**ヘ**の中から選べ。

イ **B** 一人 **C** 多数
ロ **B** 多数 **C** 一人
ハ **B** 他者 **C** 自分
ニ **B** 自分 **C** 他者
ホ **B** 親 **C** 子
ヘ **B** 子 **C** 親

［解答欄］

問四 空欄**D**・**E**・**F**・**G**に入る語の組み合わせとして最も適当なものを、次の**イ**〜**ホ**の中から選べ。

イ **D** 自分 **E** 他人 **F** 他人 **G** 自分
ロ **D** 他人 **E** 他人 **F** 自分 **G** 他人
ハ **D** 他人 **E** 自分 **F** 他人 **G** 自分
ニ **D** 自分 **E** 他人 **F** 自分 **G** 他人
ホ **D** 他人 **E** 他人 **F** 他人 **G** 自分

［解答欄］

問五　第五段落「古くから～居られないはずです。」には、論旨に合わない漢字二字の熟語が一つある。それをどのような一字の語に訂正すればよいか、次の**イ**～**ホ**の中から選べ。

イ　嘘　**ロ**　時　**ハ**　今　**ニ**　心　**ホ**　愛

［解答欄］

問六　傍線部**2**「唯一無二の自分自身を愛おしく思うことこそが、『他者』を思いやることへの始まり」と、なぜ筆者が言えるのか、最も適当な理由を、次の**イ**～**ホ**の中から選べ。

イ　一人でも生きられる自分を知れば、「他者」への同情心も起こるから。

ロ　自分が人とは違う人間だとわかれば、「他者」も同じだと気付くから。

ハ　自分の「命」を犠牲にしても、「他者」に奉仕する気持ちになるから。

ニ　人より自分が優れていると思えば、「他者」をも助けようとするから。

ホ　子どもだった自分が好きなら、「他者」が大人になっても愛せるから。

［解答欄］

問七　空欄**H**には、次の甲～丁の文を並べ替えた文章が入る。正しい順番を、次の**イ**～**へ**の中から選べ。

甲　でも、確かなことは「大人は誰もが皆、昔は子どもだったこと」なのです。

乙　そしてその「大人」は、自分が「子ども」だったことを知らぬ間に忘れてしまうのです。

丙　だから「大人」は、いつでも「子ども」に戻ることができるし、「子ども」の気持ちになることができるのです。

丁　「子ども」の誰もが必ず、「大人」になってゆく、いつのまにか必ず。

イ　乙・甲・丙・丁　　**ロ**　丁・甲・乙・丙　　**ハ**　甲・丁・乙・丙

ニ　丁・乙・甲・丙　　**ホ**　甲・乙・丙・丁　　**へ**　乙・丁・丙・甲

［解答欄］

問八　傍線部**3**「『星の王子さま』が僕たちに教えてくれること」と、筆者が考えていることは何か、適当ではないものを、次の**イ**～**ホ**の中から一つ選べ。

イ　現代社会が人間の命の大切さを忘れていること。

ロ　大人が子どものような心を持たなくなったこと。

ハ　他人を知れば、自分も愛おしいと思えること。

ニ　人間は一人では決して生きられないということ。

ホ　人間関係は可変的で、それが人生だということ。

［解答欄］

03

『道草』 夏目漱石

（解説は本冊145ページ）

制限時間 20分

次の文章を読んで、後の問いに答えよ。

細君の父は事務家であった。［ a ］仕事本位の立場からばかり人を評価したがった。乃木将軍が一時台湾総督になって間もなくそれを已《や》めた時、彼は健三に向ってこんな事を云った。――「個人としての乃木さんは義に堅く情に篤《あつ》く実に立派なものです。然《しか》し総督としての乃木さんが果して適任であるかどうかという問題になると、議論の余地がまだ大分あるように思います。個人の徳は自分に親しく接触する左右のものには能《よ》く及ぶかも知れませんが、遠く離れた被治者に利益を与えようとするには不充分です。［ b ］矢っ張手腕ですね。手腕がなくっちゃ、どんな善人でもただ坐っているより外に仕方がありませんからね」

彼は在職中の関係から或会の事務一切を管理していた。侯爵を会頭に頂くその会は、彼の力で設立の主意を綺麗《きれい》に事業の上で完成した後、彼の手元に二万円程の剰余金をゆだねた。官途に縁がなくなってから、不如意に不如意の続いた彼は、ついその[1]イタク金に手を付けた。そうしていつの間にか全部を消費してしまった。然し彼は自家の信用を維持するために誰にもそれを打ち明けなかった。［ c ］彼はこの預金から当然生まれて来る百円近くの利子を毎月[2]チョウタツして、体面を繕《つくろ》わなければならなかった。自家の経済よりも[3]却《かえ》ってこの方を苦に悩んでいた彼が、公生涯の持続に必要なその百円を、月々保険会社から貰《もら》うようになったのは、当時の彼の心中に立入って考えて見ると、全く嬉しいに違なかった。

余程後になって始めてこの話を細君から聴いた健三は、彼女の父に対して新たな同情を感じただけで、［Ⅰ］として彼を悪《にく》む気は更《さら》に起らなかった。そういう男の娘と夫婦になっているのが恥ずかしいなどとは更に思わなかった。然し細君に対しての健三は、この点に関して殆《ほとん》ど無言であった。細君は時々彼に向って云った。――

「妾《わたし》、どんな夫でも構いませんわ、ただ自分に好《よ》くしてくれさえすれば」

「泥棒でも構わないのかい」

「えゝ、えゝ、泥棒だろうが、詐欺師だろうが何でも好いわ。ただ女房を大事にしてくれれば、それで沢山なのよ。いくら偉い男だって、立派な人間だって、宅《うち》で不親切じゃ妾にゃ何にもならないんですもの」

実際細君は[4]この言葉通りの女であった。健三もその意見には賛成であった。［d］彼の推察は月の暈《かさ》の様に細君の言外まで滲《にじ》み出した。学問ばかりに屈託している自分を、彼女がこういう言葉で余所《よそ》ながら非難するのだと云う臭《におい》が何処《どこ》やらでした。然しそれよりも遥《はる》かに強く、夫の心を知らない彼女がこんな態度で暗に自分の父を弁護するのではないかという感じが健三の胸を打った。

「己《おれ》はそんな事で人と離れる人間じゃない」

自分を細君に説明しようと力《つと》めなかった彼も、独りで弁解の言葉を繰り返す事は忘れなかった。然し細君の父と彼との交情に、自然の溝渠《みぞ》が出来たのは、やはり父の重きを置き過ぎている手腕の結果としか彼には思えなかった。

健三は正月に父の所へ礼に行かなかった。[5]キョウガ新年という端書《はがき》だけを出した。父はそれを寛仮《ゆる》さなかった。表向きそれを咎《とが》める事もしなかった。彼は十二三になる末の子に、同じく[5]キョウガ新年という曲りくねった字を書かして、その子の名前で健三に賀状の返しをした。こういう手腕で彼に返報する事を巨細《こさい》に心得ていた彼は、何故健三が細君の父たる彼に、賀正を口ずから述べなかったかの[6]原因に就いては全く無反省であった。

Ⅱ。利が利を生み、子に子が出来た。二人は次第に遠ざかった。已《やむ》を得ないで犯す罪と、[7]遣《や》らんでも済むのにわざと遂行する過失との間に、大変な区別を立てている健三は、性質《たち》の宣《よろ》しくないこの余裕を非常に悪み出した。

「与《くみ》し易い男だ」

実際に於て与し易い或物を多量に有《も》っていると自覚しながらも、健三は他《ひと》からこう思われるのが癪《しゃく》に障った。

彼の神経はこの肝癪《かんしゃく》を乗り超えた人に向って鋭い懐しみを感じた。彼は群衆のうちにあって直《す》ぐそういう人を物色する事の出来る眼を有っていた。けれども彼自身はどうしてもその域に達せられなかった。だから猶《なお》そういう人が眼に着いた。又そういう人を余計尊敬したくなった。同時に彼は自分を罵《ののし》った。然し自分を罵らせるようにする相手をば更に烈《はげ》しく罵った。

斯《か》くして細君の父と彼との間には自然の造った溝渠が次第に出来上った。彼に対する細君の態度も暗にそれを手伝ったには相違なかった。

問一 傍線部**1・2・5**（二箇所同じ）に当たる漢字がカタカナ部分に使われている語を、次の**ア**〜**エ**の中からそれぞれ選べ。

1 **ア** イ約　**イ** 辞イ　**ウ** イ曲　**エ** 周イ

2 **ア** 出チョウ　**イ** チョウ意　**ウ** 色チョウ　**エ** チョウ過

5 **ア** キョウ順　**イ** 最キョウ　**ウ** キョウ縮　**エ** 説キョウ

［解答欄］ 1 □　2 □　5 □

問二 空欄**a**〜**d**にはそれぞれどのような言葉が入るか、その組み合わせとして最も適当なものを次の**ア**〜**オ**の中から選べ。

ア a 従って　b 其所《そこ》へ行くと　c けれども　d 動《やや》もすると

イ a 従って　b けれども　c 動もすると　d 其所へ行くと

ウ a 動もすると　b 其所へ行くと　c 従って　d けれども

エ a 動もすると　b 従って　c けれども　d 其所へ行くと

オ　a　けれども　　b　其所へ行くと　　c　従って　　d　動もすると

［解答欄］

問三　傍線部**3**「却ってこの方を苦に悩んでいた」のはなぜか、その理由として最も適当なものを次の**ア**～**エ**の中から選べ。

ア　自分の道徳観から外れていると感じたから

イ　自分に対する世間の評価を重んじたから

ウ　家族に心配をかけたくなかったから

エ　いずれ失地挽回できると考えていたから

［解答欄］

問四　空欄Ⅰに入る最も適当な語を、次の**ア**～**エ**の中から選べ。

ア　犯罪者　　**イ**　不徳義漢　　**ウ**　偽善者　　**エ**　破廉恥漢

［解答欄］

問五　傍線部**4**「この言葉通りの女」とあるが、その内容として最も適当なものを次の**ア**〜**エ**の中から選べ。

ア　世間体よりもまず経済的安定を考えている女

イ　自分の得が何よりもまず大事だと考える女

ウ　男はまず妻を大事にするものと考えている女

エ　いざとなれば、思い切ったことをしでかす女

〔解答欄〕

問六　傍線部**6**「原因」とあるがそれは何か、その内容として最も適当なものを次の**ア**〜**エ**の中から選べ。

ア　父の零落に対する同情　　**イ**　夫婦の不仲からくる疎外感

ウ　父の巨細な世間知への嫌悪　　**エ**　父の人間評価への違和感

〔解答欄〕

問七　空欄**Ⅱ**に入る最も適当なものを、次の**ア**〜**エ**の中から選べ。

ア　火のないところに煙は立たぬ　　**イ**　一事は万事に通じた

ウ 雨降って地も固まった　　　　**エ** 愚問は愚答を生んだ

［解答欄］

問八 傍線部**7**「遣らんでも済むのにわざと遂行する過失」とあるが、具体的には何を指しているか、最も適当なものを次の**ア**～**エ**の中から選べ。

ア 返報　**イ** 弁解　**ウ** 非難　**エ** 屈託

［解答欄］

問九 この場面全体に底流する主人公の中心的な思いは何か、最も適当なものを次の**ア**～**エ**の中から選べ。

ア 自らの失策については反省せず、自分を与しやすい人間とみる父への不満

イ 学問に没頭したくてもさまざまな心配事を押しつけてくる世間への嫌悪

ウ 自分と父との溝の理由について、妻と理解しあえないことへのいらだち

エ 自分の価値を明確に持ち他人の評価に一喜一憂しない人間に対する尊敬の念

［解答欄］

04 『よつ葉のエッセイ』俵 万智

（解説は本冊187ページ）

制限時間 20分

次の文章を読んで、後の問いに答えよ。

手紙には愛あふれたりその愛は消印の日のそのときの愛

生まれて初めて活字になった歌である。手紙が好きだ。手紙は、言葉を運んでくれる。心を運んでくれる。そして何よりも「時間」を運んでくれる。

右の一首は、ストレートに読めば［A］不信の歌である。愛はあふれているけれど、それは手紙を書いた日の、それは手紙を出した日の——あなたの愛は今どこに、あるのかないのかつかめない——そんなつぶやきから生まれた一首だったように思う。

が、時を経てこの歌を眺めてみると、また違った思いが湧いてくる。(1) いま目の前に愛を言う唇があったとしても、明日のことはわからない。(2) ならば手紙が運ばれる時間など、どうってことない誤差である。(3) そのことよりも、たしかに愛があったことの、私を思ってペンをとってくれた時間があったことの、大切さを思いたい。(4) そんな気がする。(5) 手紙は心の消印なのだ。その日の心を虫ピンでそっと止めてくれる。そしてその時間を、それごと相手に運んでくれる。

（中略）

手紙には「間《ま》」があるのがいい。便箋を折りたたむ間、切手を貼る間、宛名を書く間。郵便受けに発見してから封を切るまでの間、一枚目から二枚目へとうつるときの間、読み終えて封筒へ再びおさめるまでの間、あわただしい日常の中でそんな小さな「間」を意識している人はほとんどいないだろう。けれど無意識的にせよ、そんなひとしずくの間を、手紙はもたらしてくれるのだ。日常があわただしければあわただしいほど、そのひとしずくの間が私たちに与えてくれる潤いは、とてもとても大切なもののように思われる。それが愛しい人からの手紙であれば、なおさらのことである。

電話は便利だ。機能的。けれどある意味では［B］である。ゴハンを食べていようが、おフロに入っていようが、考えごとをしていようが、それは①ヨウシャなく私たちを電話口へと呼びたてる。その唐突な、時間への侵入。互いの時間は強引に結びつけられるのである。電話は［C］をそぎ落とす。

が、一方でそのことは、時間の共有をもたらしてくれる。共有――現在《いま》という時間の共有。それが電話の大きな魅力であろう。

㋑真夜中に吾を思い出す人のあることの幸せ受話器をとりぬ

この時間君の不在を告げるベルどこで飲んでる誰と酔ってる

相手の現在を、ナマな息づかいを、電話は運んでくれる。今、この真夜中に、私の声が聞きたいというあなたの現在。その現在が、私の現在へドッキングする。電話が通じないときには、「部屋にいない」という相手の現在を私たちは知るのである。

（中略）

誰かへ手紙を書くということは、その人のことを思う時間を持つということだ。その時間を封筒に詰めて、送るのである。手紙そのものが、その時間の消印になる。

今は電話全盛の時代。この忙しい日常の中で、手紙というのはある意味では②ヤボな存在かもしれない。時間の消印なんて、むしろ［Ｄ］思う人もいるだろう。電話は、残らない。その場その場で消えてゆく。それを切なく思うか、［Ｅ］思うかは人によるであろう。私は、切ない。ときどき、電話の声をピンで止めておきたいような衝動にかられることがある。寂しいのだ、その場で消えてゆくということが。

問一　傍線部①・②のカタカナを漢字に直せ（楷書で正確に書くこと）。

［解答欄］　①［　］　②［　］

問二　空欄Ａに入るものとして最も適当な言葉を、文中から抜き出して答えよ。

［解答欄］

問三　次の文を文中に入れるとすると、（１）～（５）のいずれが最も適当か答えよ。

たしかにそのときに愛があふれていたことを、手紙は運んでくれたのだ。

［解答欄］

問四　空欄Ｂに入るものとして最も適当なものを、次の１～５の中から選べ。

１　刹那的　　２　無機的　　３　暴力的　　４　衝動的　　５　利己的

［解答欄］

問五　空欄Ｃに入るものとして最も適当な言葉を、文中から抜き出して答えよ。

［解答欄］

問六　傍線部㋑の歌に表現されている心情として最も適当なものを、次の1～5の中から選べ。

1　一緒に飲んでいる相手を女性と妄想した不快感と憎悪の念が読み取れる。
2　自分に行き先も告げない恋人の愛情に対する不信感の高まりが読み取れる。
3　夜おそく恋人が部屋にいないことを知った動揺と不安の念が読み取れる。
4　自分も早く恋人のいるところへ行きたいという焦燥感が読み取れる。
5　恋人の心をつかめずに絶望感にとらわれ疑心暗鬼の深まりが読み取れる。

［解答欄］

問七　空欄D・Eに入るものとして最も適当なものを、次の1～8の中からそれぞれ選べ。

1　わびしく　　2　うれしく　　3　ねたましく
4　すがすがしく　　5　かなしく　　6　いとしく
7　うとましく　　8　そらぞらしく

［解答欄］　D　　E

問八　本文の論旨と合致するものを、次の1～5の中から一つ選べ。

1　電話には機能的な印象があるが、手紙には優しいイメージが感じられる。

2　現代人の生活は多忙であるが、手紙は間という潤いを与えてくれる。

3　現在という時間と心の共有は電話には可能であるが、手紙にはない。

4　手紙は時間の消印にはなりうるが、心および愛の消印にはなりえない。

5　手紙には長い時間が封印されているが、電話は瞬間的・断片的である。

［解答欄］

05

『業柱抱き』車谷長吉

（解説は本冊223ページ）

制限時間 20分

次の文章を読んで、後の問いに答えよ。

人に物心が付くのは二、三歳のころである。併《しか》し自分に取り憑《つ》いたその「物」を、何とも知れない不気味なものとして恐れるようになるのは十代になってからである。私は学校を出るとごく平凡な会社員になったが、そのころ、夜、アパートの一室に一人坐《すわ》っていると、その何とも得体《えたい》の知れない「物」への恐れが私の中に立ち上がって来た。やがて私はこの物の怪《け》に迷い、二十代の半ばから小説を書きはじめた。私の心に立ち迷う生への恐れを医《いや》したい一心だった。A併し言葉（文字）を取り扱うことは恐ろしいことであり、一つ小説を書くごとに恐れはさらに深くなって、やがて私は小説を書くことを恐れるようになった。

私が書いて来たのは、私《わたくし》小説だった。私小説と言えば、①瀧井孝作の B「小説というのは、自分の考えや生活を一分一厘《りん》も歪《ゆが》めることなく、有りのままに書けばよい。」という考え方が圧倒的な支配力を持っていて、読者の中にも、書かれたものは、それがそのまま事実であると受け取る向きが多い。併し私小説であろうと何であろうと、小説というのは「虚実皮膜の間」に漾《ただよ》う人が人であることの謎《なぞ》を書くのが本筋であって、そうであって見れば、小説の中には、その本質としてただの与太話、ほら話の要素がふくまれていて、だが、ほら話にはほら話の面白みがあり、そのほら話が何かのアインユ、あるいは象徴になっている時、意外な人の世の真《まこと》を伝える場合もあるのである。して見れば、事実を有りのままに伝えるだけでいいということにならないし、またその必要もないのである。

小説には二つの側面がある。一つは、人の想像力が生み出す世界を書く側面、他は、人の存在の有り様《よう》を表現する側面である。実際には一つの小説の中に、この二つの側面が分かちがたく混《こん》淆《こう》しているのであるが、②三島由紀夫はその晩年に書いた③尾崎一雄論の中で、尾崎の私小説を極めて高くイショウサンし、私小説は「近代日本文学における『存在』の側面だけをウガンコに守って来た。」と述べている。三島自身は私小説を書かなかった、あるいは書けなかった人であるが。

この二十年ほどは、やれ本格小説だの何だのと言われて、三島が書いたような、人の想像力が生み出す人工的な小説世界、言うなれば有りもしない現実を有るかのように書くことが持て囃《はや》され、基本的に、善悪の彼岸に立ち迷う人の存在の生霊《いきりょう》の姿を有りのままに書こうとする私小説は、人に忌《い》まれ、さげすみの標的にされて来た。そのようなエゲンセツをもっぱらに主導して来たのは、バルザックやゲーテを原書で読める語学力を、自慢顔に云々《うんぬん》する西洋崇拝乞食《こじき》たちであった。この人たちは私小説を恐れていたのであった。

私小説は自己の存在の根源を問うものである。己れの心に立ち迷う生への恐れを問うものである。そうであるがゆえに、生への祈りである。西洋の小説理論という安全座ぶとんの上にあぐらをかいて、それで④社会的名士づらをして生きている人にとっては、安全座ぶとんにしがみ付くことこそが大事なのだ。この人たちの多くは「語学」は持ち合わせていても「語《ことば》」が何であるかは知らないのだった。だから私小説は毒虫のごとく忌まれ、さげすみを受けて来たのだった。

だが、この二十年ほどのあいだ、わが国に行なわれて来た私小説の過半は、実はこの人たちのさげすみを受けて当然のものであった。私小説作家自体が、自己の存在の根源に迫ることを恐れ、毒にも薬にもならない日常の瑣事《さじ》を、したり顔で書いて来たのだった。そこには己れの存在の出自を問う苦しみもなければ、問うことそれ自体が悪であるという一ト《ひと》かけらの認識もないものであった。見た目には日常の瑣事ではあっても、その瑣事が立ち現れて来たことの根源を問うて行けば、やがては日常の底に隠された得体の知れない不気味なものに、じかに触れることになる。当然、それは毒菌にじかに触れるようなことであって、触れることに心戦《おのの》く。併しその時、人の心はその善悪の彼岸に立ち迷う不気味なものの姿に畏敬《いけい》の念を持たざるを得ないだろう。私小説はその畏敬の念が書かせるのである。そうであるがゆえに、私小説の言葉はどうしても呪術《じゅじゅつ》的にならざるを得ない。併し日常の論理はこの不気味なものに触れることを悪となすことによって成立しており、それゆえにこの掟《おきて》に従う者は、毒にも薬にもならない、さげすみのタイショウにしかされない私小説を書いて来たのだった。

併しそのような私小説はある畏敬の念によって書かれるものであるにしても、私小説を書くことは悪であり、書くことは己れを崖《がけ》から突き落とすことであった。つまり、こういうことはろくでなしのすることであって、言葉によって己れを問うことはあっても、それを文字にすることのない敬虔《けいけん》な人は多くいるのである。して見れば、人の忌むことを確信犯的に、死物狂いに行なうのであるから、これがいかに罪深いことであるかは言うを俟《ま》たない。けれども私の中には人間存在の根源を問わざるを得ない、あるいはそれを問うことなしには生きては行けない不幸な衝迫があり、その物の怪のごとき衝迫こそが、私の心に立ち迷う生への恐れでもあった。

問一 傍線部**ア**〜**オ**は語の一部であるが、これに当たる漢字を、次の各群の①〜⑤の中からそれぞれ一つずつ選べ。

ア インユ
① 因 ② 引 ③ 隠 ④ 韻 ⑤ 印

イ ショウサン
① 賛 ② 算 ③ 酸 ④ 散 ⑤ 三

ウ ガンコ
① 元 ② 丸 ③ 含 ④ 頑 ⑤ 願

エ ゲンセツ
① 接 ② 説 ③ 雪 ④ 節 ⑤ 設

オ タイショウ
① 称 ② 正 ③ 照 ④ 商 ⑤ 象

［解答欄］ **ア** □ **イ** □ **ウ** □ **エ** □ **オ** □

問二　作者の理想とする私小説に近いものを書いたと推測できる最も適当な人を、文中の波線部①～⑤の中から選べ。

① 瀧井孝作　② 三島由紀夫　③ 尾崎一雄

④ 社会的名士づらをして生きている人　⑤ この掟に従う者

［解答欄］

問三　傍線部A「言葉（文字）を取り扱うことは恐ろしいことであり、一つ小説を書くごとに恐れはさらに深くなって、やがて私は小説を書くことを恐れるようになった」とあるが、その理由として最も適当なものを、次の①～⑤の中から選べ。

① 小説を書くとは、自分の考えや生活を一分一厘も歪めることなく有りのままに書くことであって、その困難さにしだいに気づいてきたから。

② 事実を有りのままに伝えようとしても、人間にはおおい隠したい秘密の何かがあり、それを暴かれるのは恐ろしいことだから。

③ 自己の存在の根源を問うことにより、得体の知れない不気味なものに触れるが、それは日常の論理が受け入れることのできないものだから。

④ 自己の根源的なものに触れるには、人の想像力が生み出す世界を書かざるを得ず、それは有りもしない現実を有るかのように書くことだから。

⑤　己れの中にある不気味なものに触れることによって、私小説が毒虫のごとく忌まれ、さげすみを受けることを恐れたから。

〔解答欄〕

問四　傍線部**B**「『小説というのは、自分の考えや生活を一分一厘も歪めることなく、有りのままに書けばよい。』という考え方」とあるが、作者のこの考え方に対する立場として最も適当なものを、次の①～⑤の中から選べ。

①　瀧井孝作の私小説に対する考え方に、全面的に賛成である。
②　瀧井孝作の私小説に対する考え方に、全面的に反対である。
③　瀧井孝作とは異なった私小説の考え方を持っている。
④　瀧井孝作の私小説に対する考え方に、条件つきで賛成である。
⑤　瀧井孝作の私小説観に頭では納得しているが、実現できないでいる。

〔解答欄〕

問五　傍線部C「私小説は毒虫のごとく忌まれ、さげすみを受けて来たのだった」とあるが、その理由として最も適当なものを、次の①～⑤の中から選べ。

① 西洋の小説理論という安全座ぶとんの上にあぐらをかき、己れを崖から突き落とそうとしなかったから。
② 人の存在の有り様を表現しようとするあまり、人の想像力が生み出す世界を描くことに劣っていたから。
③ 小説というのは、自分の考えや生活を一分一厘も歪めることなく、有りのままに書けばよいという考え方に同調し過ぎたから。
④ 西洋の小説理論を理解せず、ひたすら近代日本文学における「存在」の側面だけを頑固に守ってきたから。
⑤ 日常の底に隠された得体の知れない不気味なものに触れることが、日常の論理にとって悪とみなされてきたから。

［解答欄］ ☐

問六　作者の私小説に対する考え方として最も適当なものを、次の①～⑤の中から選べ。

① 小説というのは、自分の考えや生活を歪めることなく、有りのままに書くべきである。
② 小説には、人の想像力が生み出す世界を書く側面と、人の存在の有り様を書く側面とが

あり、前者の方が西洋的である。

③「存在」のみを描こうとした私小説のあり方は、西洋の小説理論からはずれているので、すたれるのは当然である。

④己れの存在自身を問うこと自体が悪であり、それ故私小説が毒虫のごとくさげすまれてきたのは当然である。

⑤私小説とは己れの存在の根源を問うものであり、それを書くことは悪で、己れを崖から突き落とす行為にほかならない。

［解答欄］

06

『省略の文学』外山滋比古

（解説は本冊254ページ）

制限時間 20分

次の文章を読んで、後の問いに答えよ。

(一)切字感覚によって求められている俳句の空間が、どのような表現効果をもつかについてのべてきたが、ここで詩と散文の問題として考えてみよう。

断切による空間がつくりだされることによって、文法上の破格表現に近い言いまわしが珍しくなくなる。各部の主語・主格が明示されないままに転換するというようなこともしばしばである。(二)芭蕉の、

(三)病雁の夜寒に落て旅寝かな

は、通説のように、「病雁が夜寒に舞い落ちて旅寝をする」その姿に、旅に病む作者の孤独と①アイシュウが二重写しにされていると見るにしても、文法的に旅寝の主語を病雁とするか、そうすれば、正常な語法ということになるが、[A]、「落て」で文脈を切断し、旅寝の主語を別に作者自身と解するかによって、一句の余情はかなり違ったものになろう。「落て」から、「旅寝」へつづけて病雁の主格が及ぶと解するのは、文法的に無理がないだけ散文的平板さに堕するきらい

がある。[B]、「夜寒に落て」の主格を病雁とし、「旅寝かな」の主格は作者自身であるというように断わりなしに主格の転換を行なって論理をねじり曲げることによって、「て」のあとの空間が詩的作用を大きくすると考えられる（この一句の解釈については諸家の研究に負うところが多い。特に記して感謝の意を表する）。

「病雁の夜寒に落て旅寝かな」の主格を一元的に病雁とするか、二元的に病雁と作者と解するかは、「落て」のあとの空間の表現をどう見るかにかかっている。この空間が句末の切字ほどのつよさはなくとも、一種の断切力をもつ「て」によって生じた重要なものと考えるときはじめて、主格の転換が可能になるのである。[C]、こういう[a]的語法をとることは、普通の文章のロジックの放棄を示すものにほかならない。

「落て」のあとの空間で散文の論理を殺して、[D]超ロジックの世界へ表現を引き入れることになっている。俳句の一見非論理性と感じられる語法は、実は月並みの説明的散文性を[b]するのに不可欠な方法であるということもできよう。俳句的純粋詩の性質は、この超論理的文法構造と分かち難く結び合わさっている。いわゆる[c]の立場から俳句の理解が行なわれるとき、もっとも見失われやすいのが、(四)この論理の放棄による純粋詩性の獲得である。

このようにして俳句は、形式的論理の拘束から脱出することを求める。われわれ読者の解釈作業は、おおむね論理を手がかりとするものであるから、論理を放棄した表現の意味は、動揺してとどまるところを知らない不安定なものになるであろう。散文におけるような意味は、俳句には存在しないといってもよい。俳句がもっている②ガンチクは、各人によって各様に異なる解釈を許すようなあいまいさ、したがって、［ d ］を湛える。

この場合、表現は孤立語の漢文の表現がそうであるように、要点のみを非連続に並べたというような構造をもっているから、それらの点をつないで線にまとめるのは、読者の解釈に委ねられている。［ E ］、点の配列は決定的解釈が困難なような構造になっており、それが俳句らしさになるのである。

点のような表現の各部を解釈にまとめ上げるのには、一般の論理的判断はむしろじゃまになることが多い。論理を超えて「とり合わせ」のおもしろさを見いだすことのできる［ e ］感覚が必要である。この感覚がうまく働くには、表現が決定的合理性をもっていてはまずい。感覚が作用したくともその余地がなくなるからである。俳句には積極的な姿勢においてつくり出された不決定性の、あいまいな構造がなくてはならない。それが俳句の難解さになるのだが、俳句の美しさは、そういう難解さと表裏をなすものとしてのみ存在を許されているといっても過言ではない。

切字の機能の一つは、ことばの論理的関係を切断することによって、不決定性をはっきりさせることにあるとも考えられる。「古池や蛙飛び込む水の音」は、「古池や」とすることによって、たとえば、「古池の蛙……」に比べて、「古池」と「蛙」の関係が非連続的で、超論理的なものになることは否めないであろう。切字によって、ことばの流れが中絶させられ、新しい流れに移る。そこに飛躍が意識されるであろうし、脈絡をつけるにあたってのとまどいも感じられるに違いない。言語表現は平明で誤解の立入る余地のないものがよいとする立場からは、不決定性の俳句表現は消極的見方をされるであろうが、芸術が自然対象のたんなる③モホウではなくて、象徴にあると考えるならば、極端に小さな詩型によって、純粋に詩的なものの可能性をぎりぎりまで追究する俳句の超論理的表現は、きわめて高度の芸術性を主張することができる。ヨーロッパにおいて不条理の文学への開眼が認められつつある現在、俳句のもつ美学は再検討してみたいものである。

問一 傍線部①～③のカタカナを漢字に直せ（楷書で正確に書くこと）。

［解答欄］ ① ② ③

問二 空欄A～Eに入るものとして最も適当なものを、次の1～5の中からそれぞれ選べ。

1 いわば　2 そして　3 それとも　4 しかも　5 これに反して

［解答欄］ A B C D E

問三 空欄a・b・dに入るものとして最も適当なものを、次の1～6の中からそれぞれ選べ。

1 余情　2 破格　3 消極　4 示唆　5 超克　6 滋味

［解答欄］ a b d

問四 空欄**c**・**e**に入るものとして最も適当なものを、次の**1**〜**5**の中からそれぞれ選べ。

1 モンタージュ　**2** リリシズム　**3** オプティミズム
4 リアリズム　**5** クリスタル

［解答欄］ c □ e □

問五 傍線部㈠の中に助動詞がいくつあるか、また、下一段の動詞はいくつあるか、それぞれの数字を漢数字で答えよ。

［解答欄］ **助動詞** □ **下一段の動詞** □

問六 傍線部㈡「芭蕉」に関係があるものを、次の**1**〜**5**の中から一つ選べ。

1 幽玄　**2** 無常　**3** 有心　**4** 写生　**5** 風流

［解答欄］ □

問七 傍線部㈢「病雁の夜寒に落て旅寝かな」の句における「て」の役割を、文中の語を用いて二十字以内で答えよ。

［解答欄］

問八 傍線部㈣「論理の放棄による純粋詩性の獲得」の説明として最も適当なものを、次の**1**〜**5**の中から選べ。

1 主格を転換させることで散文の論理を殺し、月並みの説明的散文性を脱し、純粋な合理的表現を成就する。

2 破格的語法をとることにより、主格を転換させ、論理的文法構造に分かち難く結び合わさった詩的表現を成就する。

3 非論理性と感じられる語法により、主格を転換させ、形式論理学の拘束から脱出して、曖昧さを排除する詩的表現を成就する。

4 主格を転換させることにより、要点をつなぐ見えない論理を駆使し、純粋に詩的なものの可能性を追究する表現を成就する。

5 破格的語法をとることでロジックを放棄し、月並みの説明的散文性を脱し、各人によって異なる解釈を許すような、余情をたたえた表現を成就する。

［解答欄］

問九 本文の内容と合致するものを、次の**1**～**5**の中から一つ選べ。

1 「病雁の夜寒に落て旅寝かな」の句の解釈は、旅寝の主格を「病雁」にしたほうが文法的に無理がなく妥当である。

2 「病雁の夜寒に落て旅寝かな」の句の解釈は、旅寝の主格を作者自身にしたほうが超ロジックの世界へ表現を引き入れることになって余情が深まる。

3 「古池や蛙飛び込む水の音」は、切字によって、ことばの流れが中断し、飛躍が意識され、無常感が増幅される。

4 俳句の表現は要点のみを非連続に並べるべきで、それには決定的合理性が不可欠である。

5 俳句は余情を積極的な姿勢において作り出すことが必要なので、そのためには不決定性の構造があってはならない。

［解答欄］

問十　散文と俳句における表現の違いを、文中の語句を用いて五十字以内で説明せよ。

［解答欄］